監修者――加藤友康／五味文彦／鈴木淳／高埜利彦

［カバー表写真］
大江義塾跡
（現熊本市徳富記念園）

［カバー裏写真］
日比谷焼打ち事件

［扉写真］
国民新聞社編集室の蘇峰と父一敬

日本史リブレット人083

徳富蘇峰

日本の生める最大の新聞記者

Nakanome Toru
中野目 徹

目次

『国民之友』 明治二十(一八八七)年〜同三十一(一八九八)年。

『国民新聞』 明治二十三(一八九〇)年創刊，蘇峰は社長兼主筆に就任。

もっとも危険な放火犯

徳富蘇峰(本名猪一郎、字は正敬、一八六三〜一九五七)といえば、いささかでも日本の歴史に関心を有する人であるなら、一度はその名を耳にしたことのある人物ではないだろうか。高等学校の日本史教科書では、明治二十(一八八七)年に民友社を結成して雑誌『国民之友』を創刊し「平民主義」を唱えた思想家、ジャーナリストとして取り上げられている。三年後には『国民新聞』を創刊して社長兼主筆に就任し、それは昭和四(一九二九)年まで実に四〇年におよんだ。

その間蘇峰は、第二次松方内閣で内務省勅任参事官をつとめ、明治四十四(一九一一)年以来貴族院議員に勅選され、大正十二(一九二三)年には『近世日本国民史』によって帝国学士院恩賜賞を受賞、二年後に同院会員となり、昭和十七(一九四二)年には大日本言論報国会会長に就任するなど、さまざまな貌をもつ。新聞・雑誌上での主張も「平民主義」から始まって「帝国主義」「皇室中心主義」へと変転きわまりない。これまでも蘇峰については、『蘇峰自伝』(中央公論社、一九三五年)のほか巻末に列挙したように多くの伝記、研究書、史料集などが刊行されているが、とくにその思想の評価となると、今なお決定打といえるような成果はあらわれていないといえよう。長命を保ち多方面で活動した蘇峰のような人物を、リブレットというごく限られたスペースのなかでいかに描きだしていけばよいのだろうか。

戦時下の昭和十八(一九四三)年、三宅雪嶺▲、湯川秀樹らとともに蘇峰は文化勲章▲を授与されたが、その時文部省から内閣に提出された功績調書には「明治、大正、昭和を通じて日本の生める最大の新聞記者」(昭和十八年『叙勲』五、国立公文書館)とある。蘇峰自身、昭和四年に『国民新聞』を去る時の挨拶では「私は新聞の為に生きて来た人間……新聞即ち自分」(『新聞記者と新聞』民友社、一九二九年—以下、蘇峰の著作のうち民友社から刊行のものは刊行年のみ記す)であると述べ、最晩年の著書『読書九十年』(大日本雄弁会講談社、一九五二年)のなかで一生を振

三宅雪嶺

▼**三宅雪嶺**　一八六〇〜一九四五。加賀国金沢出身、東京大学卒業。同大学准助教授をへて、志賀重昂とともに政教社を結成。のちに『日本及日本人』主筆として雑誌記者に終始する。

▼**文化勲章**　昭和十二(一九三七)年創設。蘇峰は第三回目の受章であった。後述するように敗戦後に返上された。

り返って、「新聞記者を以て始まり、新聞記者を以て終わらんとしてゐる」とまで言い切っている。したがって、蘇峰の生涯は新聞記者として描きだすのが、本人の意にもかなうものとなろう。

しかし私には、雄弁をもって知られた政治家永井柳太郎▲の蘇峰評にある「放火犯人の中最も危険なる人」（『蘇峰会誌』特輯号）という一節こそが、蘇峰の生涯をいいあてているように思われる。その含意するところは「全国無数の青年の心に火を付け」たというのである。つまり、同時代の読者に大きな影響をあたえた論説内容とそれによって心に火を点じられた青年たちからの反響、これら二つの交錯するところに新聞記者としての蘇峰の伝記を構想できないだろうか。そのような青年の一人として本書で注目したいのが、栃木でやがて肥料商として成功する青木藤作（一八七〇～一九四六）という人物である。

蘇峰は若き日、『大阪日報』（明治十三〈一八八〇〉年五月二十日付）によせた「学者と郷紳」と題する投書のなかで、東京の「学者」（著述、翻訳、教授、演説、新聞の編集などで衣食する者）と地方の「郷紳」（地方に住む地主などの有力者）が交際して気脈を通じることで「思想の膨張」をはかるべきだと説いていた。蘇峰と藤作の

▼永井柳太郎　一八八一～一九四四。金沢出身、早稲田大学卒業。大正～昭和初期の政党政治家。大正九（一九二〇）年以降、衆議院議員をつとめ、雄弁をもって知られた。憲政会、立憲民政党に属し拓務相、逓信相などを歴任した。

永井柳太郎

青木藤作と蘇峰（左）　昭和十五（一九四〇）年に開催された藤作の古稀祝賀会に出席した蘇峰。

関係解明を一つの伏線とすることで、本書を、東京で新聞の編集に従事する「学者」（蘇峰）と地方の「郷紳」（藤作）の交流をとおして、蘇峰が若き日に唱えた「平民主義」の思想が「膨張」していく姿の映し鏡とすることができるであろう。

本書は新聞記者、ジャーナリストとしての蘇峰の生涯とその思想を、自伝では「飯よりも好き」とされる政治との関係を経糸（たていと）に、彼自身が明治二十年代初頭に提示した「明治の青年」と「田舎紳士（いなかしんし）」という社会変革の担い手でもある読者との関係を緯糸（よこいと）にして、「足で書く思想史」を実践することで改めてとらえなおそうという試みなのである。蘇峰に対する論評は、生前・没後ともに無数にあるが、本書では本人の残したテクストを時代のコンテクストのなかで丁寧に読み込んでいくという手法をとりたい。

なお、以下においては少年時代も含めて蘇峰の呼称で統一する。郷里熊本の阿蘇山（あそさん）に由来する雅号（がごう）である。また、蘇峰の著述からの引用は、必要に応じて初出紙誌にあたったが、後年刊行された著書によるものもある。引用文中、句読点や送りがなの清濁、字体などは読みやすさを優先して適宜整えた。

①肥後の「田舎紳士」――「治国平天下の志」と「国器」たる期待

「居倉」待望の長男

徳富蘇峰は、幕末の世情騒然たる文久三(一八六三)年一月二十五日(西暦の三月十四日)、父徳富一敬(号淇水)・母久子(矢島氏)の第六子長男として、母の実家のある肥後国(のちの熊本県)上益城郡杉堂村で呱々の声をあげた。この年は、隣国薩摩で前年の生麦事件を因とする薩英戦争が勃発し、八月十八日には攘夷派の公卿三条実美らが京都を追われる政変(七卿落ち)も発生するなど、明治維新に向けた政治の歯車が一気に加速した年として知られている。

父一敬が八代目となる徳富家は、肥後国葦北郡の大庄屋と代官をかねる家柄で、津奈木郷の郡筒小頭という役を代々つとめてきた。在所の水俣郷は同国最南端の小都邑で当時人口約四〇〇〇人、徳富家は同地でも「家格は第三位であったが、家声は第一であった」と蘇峰自身自伝のなかで回想している。肥後の国守細川家▲から知行こそ宛行われていなかったものの、維新後の属籍は士族、一領一匹の郷士というべき家系で、経済的に自立していることをむしろ誇り

▼**細川家** 清和源氏に発し室町時代には管領職をつとめた。近世大名としては、忠利が初代。寛永九(一六三二)年、熊本五四万石に就封した。

水俣の「居倉」

▼矢島家　久子の姉妹のうち、姉の順子は熊本女学校校長、妹の楫子も東京の女子学院校長・基督教婦人矯風会会頭をつとめるなど、社会的に活躍する女性を輩出した。

としていた。家伝では菅原氏を遠祖とする。

水俣の浜村にあった徳富家は、周辺では唯一瓦葺きの土蔵造りで「居倉」と通称されていた。土地四〇〇坪、家屋二〇〇坪であったという（早川喜代次『徳富蘇峰』）。大庄屋として山林経営なども行い、すでに祖父美信（号鶴眠）の代には家勢もおおいにふるっていた。蘇峰は晩年まで、「細川家の家来」（『歴史の興味』一九三〇年）であることと同時に、自分は「百姓の悴」であることを強調し、「土地に非常の執着心をもって居る」（『徳富蘇峰先生歓迎座談会誌』青木藤作、一九三〇年）と述べていた。地域の支配者でもあり生産者でもある、「一人に士農工商」（同上）というのが蘇峰の立脚点であり、「士」に接しているという自意識が「田舎紳士」の要件であった。

一方、母の生家矢島家▲も上益城郡では徳富家と同役をつとめる家柄で、蘇峰にいわせれば「家柄相匹せり」（『人物偶録』一九二八年）ということになる。久子はすでに女子五人を生んでいたが、地域随一の名望家であった「居倉」としては男子の誕生が待たれていたのである。当時の慣習としては理解できる。したがって、実家で蘇峰を出産した久子は「凱旋将軍の如く、意気揚々として」（『わが

蘇峰と熊本関係略図

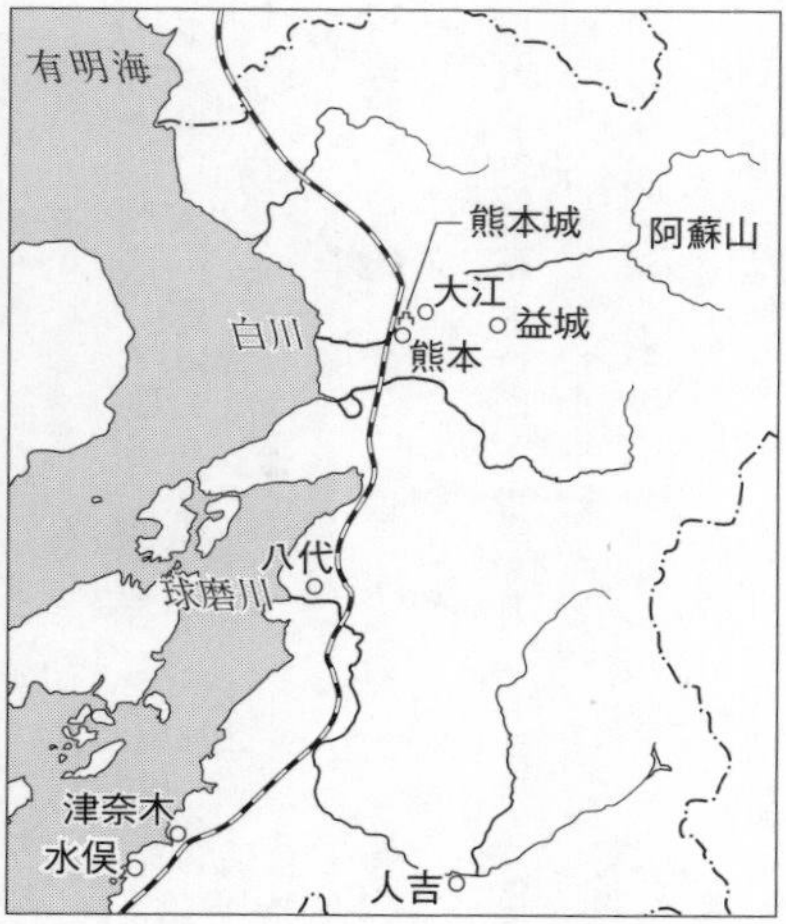

益城町の生誕地跡

蘇峰関係略系図

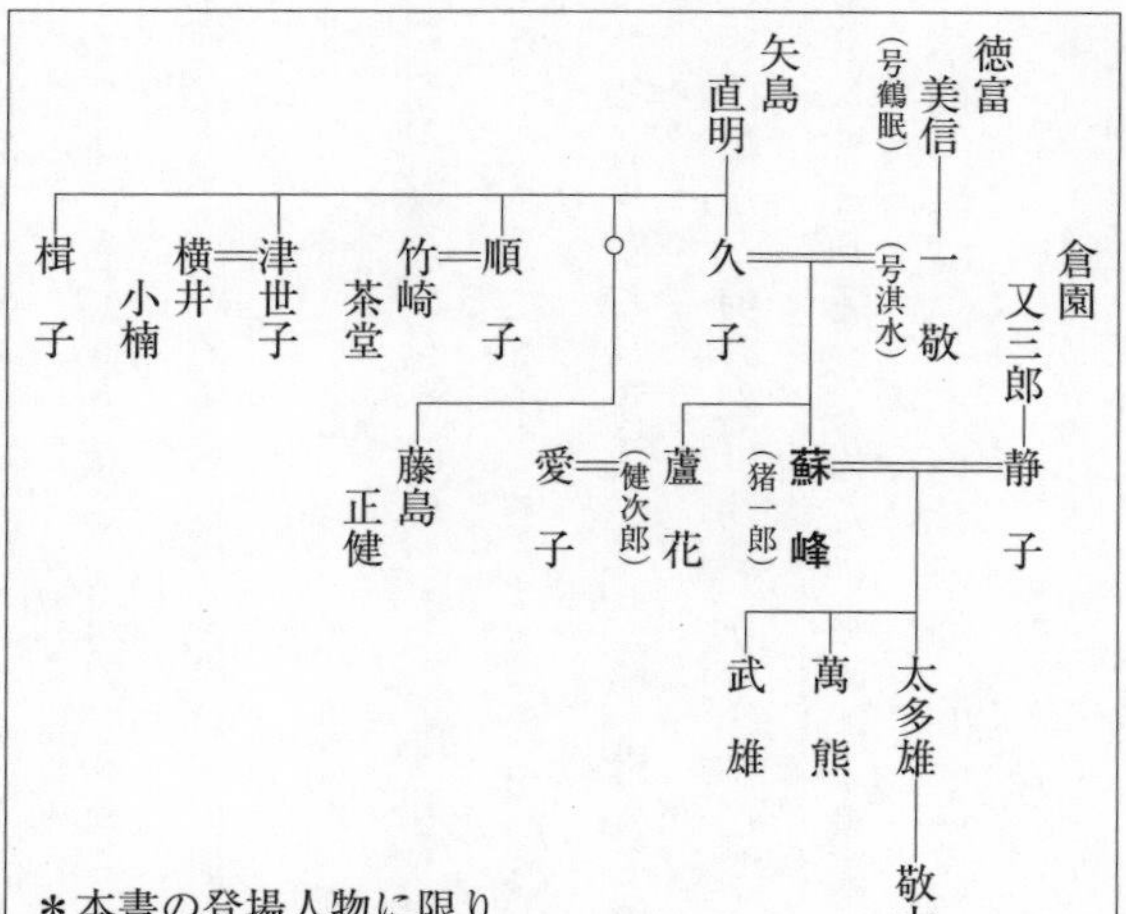

＊本書の登場人物に限り，その他は省略している。

横井小楠

▼**横井小楠**　一八〇九〜六九。熊本藩の儒学者・経世家。福井藩主松平春嶽に賓師として迎えられ、藩政改革や幕政改革に献策するところが多かった。『国是三論』を著わし「富国」「強兵」「士道」を唱えた。明治元（一八六八）年、新政府の参与に就任したが、京都で暗殺された。父一敬はその門下生で、有力な支援者でもあった。

母』一九三一年）矢島家より徳富家に戻ったという。五年後に、徳富家二人目の男子健次郎（のちの自然主義文学者・徳富蘆花）が生まれるが、蘇峰は大家族のなかにあって下にもおかぬ扱いを受け、自伝によれば「吾家に於ては、父に次いでの位置を占め、或る場合には父同様の位置を占め、全く特別待遇をされていた」という。

そもそも蘇峰の両親が結ばれたのは、祖父美信と母久子の父矢島直明が同僚で親友だったことによる。そして彼らを結びつけていたのは、ともに横井小楠▲の門弟であったということである。母久子の妹津世子は小楠の後妻となっているので徳富家と横井家は親戚でもあった。小楠のいわゆる実学思想についてここで詳しく述べる余裕はないものの、蘇峰が「高風に接する機会を得なかったが、精神的には全く小楠社中の雰囲気に成長」（『史論新集』一九三六年）したと書いているのは無視できない。幕末維新期の経世家として知られる小楠における西洋の文明と政治思想への理解および古典の原理的解釈が儒教の政治的活性化をうながした点を評価するとすれば、蘇峰における思想形成と晩年におよぶ言論活動の底流に小楠流の現状解釈とそれへの対処方法が存在していたことは、後段中で確認していく必要があろう。

「小楠社中の雰囲気」を具体的に再現することはむずかしいが、徳富家が「読書の家」(『愛書五十年』ブックドム社、一九三三年)であったことは蘇峰幼時の読書経験からうかがい知ることができる。それは漢学系の書物から始まり、最初は母の膝の上で、ついで父による手ほどきを受けた。自伝によれば、母からは唐詩について『大学』と『論語』を学んだという。祖父美信の時代に徳富家に逗留したこともある頼山陽▲の『日本外史』は父または祖父から教わったのであろう。「予の胸中には、常に頼山陽がある」(『頼山陽』一九二六年)とする蘇峰は、外史に「国民の物語」の濫觴を読みとっており、後年『近世日本国民史』を書き続けることになる遠因は、幼き日に聴いた山陽に関する伝聞と『日本外史』愛読の経験のなかに胚胎していたといえよう。『通俗三国志』や『十八史略』、『左伝』や『史記』にも親しんだが、それだけではない。福沢諭吉の『世界国尽』の全文を暗記し(『読書九十年』)、加藤弘之の『真政大意』まで幼時に読んでいたという(『三代人物史』読売新聞社、一九七一年)。さしもの加藤も西陲の少童を読者として想定していたとは思われない。いずれにせよ、その早熟ぶりがきわだつ。総じて水俣時

▼頼山陽　一七八〇〜一八三二。広島藩出身の儒学者・史家。詩をよくした。脱藩、廃嫡後は京都に住んだ。主著の『日本外史』『日本政記』『通議』などは死後刊行されたものである。文政元(一八一八)年、九州に遊んだ際、蘇峰の祖父美信の居に滞在した。

代の蘇峰は、「小楠社中の雰囲気」のなかで、「治国平天下の志は、父母の膝下に於て、夙に鼓吹せられたりき」(『世間と人間』一八九九年)という家庭教育を受けたことになる。

「居倉」待望の長男はいち早い成長を期待されて、学校教育を受ける以前すでに「読書の家」で十分な基礎教育をほどこされていたといえよう。他方、竹馬、凧揚げ、魚釣りなどの子どもらしい遊戯は一切しなかった、いな、できなかったという(『読書九十年』)。

兼坂塾、同志社での学び

そのような水俣での生活は蘇峰七歳まで続いた。明治三(一八七〇)年秋、父一敬の白川(のちの熊本)県庁出仕を機に熊本に転居することになったのである。一敬はほどなく七等出仕となるが、これは奏任官▲で県令、参事につぐ庁内第三位のポストであり、明治五(一八七二)年の明治天皇熊本駐輦中には拝謁を賜るような身分であった(『明治天皇紀』第二)。蘇峰は後年、この前後が「吾家に取りて最も得意の時代」(『わが母』)だったと追懐している。熊本での居宅は、父の友

▼**奏任官**　親任官、勅任官につぐ三等官。当時は各省局長や県令も奏任官であった。

▼**元田永孚**　一八一八〜九一。熊本藩出身の儒学者。侍講や侍補として宮中に出仕し、明治天皇の人格形成に大きな影響をあたえた。枢密顧問官・男爵。

元田永孚

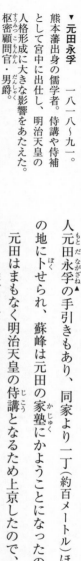

人元田永孚▲の手引きもあり、同家より一丁（約百メートル）ほど隔たった大江村の地に卜せられ、蘇峰は元田の家塾にかようことになったのである。

元田はまもなく明治天皇の侍講となるため上京したので、蘇峰は母の姉順子が嫁いだ竹崎茶堂の塾（日新堂）にかよったりしたが、翌明治四（一八七一）年末か同五年の初めから兼坂止水の家塾（衆星堂）に住込みで学ぶことになった。兼坂は旧藩時代五五〇石取りというから大藩の細川家では中士クラスといえようが、家に女中もおかず慎ましく暮し、一方で豚肉を喫し書斎の障子にガラス窓をはめるなど進取の気象ももちあわせていた。蘇峰はのちのちまで「予の一生を貫く平民主義的趣味なるものは、全く先生の塾で養はる」（『蘇翁感銘録』宝雲舎、一九四四年）と語っているのをみると、彼の思想形成にとって兼坂塾のもつ意味は小さくなかったことが理解できる。

ついで明治六（一八七三）年、県の設立した熊本洋学校に入学した。父一敬らの実学党が牛耳をとる中等レベルの学校で、蘇峰が最年少だったという。いったん退学するものの再入学し、明治九（一八七六）年まで在学した。同校でアメリカ人L・ジェーンズから本格的に英語を学び、小崎弘道や浮田和民など、生涯交誼を結ぶことになる先輩たちと出会ったことが特筆されようが、同時にキリスト教にも導かれ、花岡山で締盟された「奉教趣意書」に署名した（熊本バンド▲結成）。これを機に学校は閉鎖され、蘇峰も棄教を迫られる事態にいたった。

そもそも徳富家は代々浄土真宗の門徒であった（『好書品題』一九二八年）。棄教を勧めるため、旧師で伯父でもある竹崎が伯母順子（のちに母久子とともに熱心なキリスト教信者となる）をともない徳富家を訪れて説得したが蘇峰は応じず、上京して官立の東京英語学校に入学するという条件で妥協がはかられた。交友関係とともに英語、そしてキリスト教という欧米文明に接近するツールを獲得したことが、蘇峰にとって熊本洋学校在学の意義であったといえよう。

明治九年夏、一三歳の蘇峰は熊本の地を離れた。彼が到着したのは文明開化の東京であった。東京英語学校は、翌明治十（一八七七）年に東京大学予備門と名前を変えたのちの第一高等学校の前身であり、ただちに入学が許されたということは蘇峰の英語力がすでに相当のものだったと推定できる。もっとも、三カ月も在籍しないで京都の同志社に転じることになった。結果的に蘇峰は同志社で、生涯の師とあおぐ新島襄▲と出会い、翌年には彼から洗礼を受けること

新島襄

▼**熊本バンド**　明治初期のプロテスタントキリスト教徒の集団の一つ。ほかに小楠の長男横井時雄、のちに本郷教会を主宰した海老名弾正など。同じような集団に横浜バンド、札幌バンドなどがある。

▼**新島襄**　一八四三〜九〇。牧師にして同志社の創立者。安中藩出身で幕末期にアメリカに渡り受洗。蘇峰は父一敬、後述する勝海舟とともに、新島を生涯における三人の師とする。蘇峰は、新島の死の枕頭に侍ったほか、死後、京都若王子の新島の墓地近くに分骨された。

になった。しかし、それはキリスト教の教義を信じたからというよりも、新島の人格に感化されたからであると、蘇峰自身によってしばしば語られる。

足かけ五年におよぶ同志社の学生時代は、宣教師たちの態度に反発を感じ、教場ではあまりえるところがなかったように回顧されることも多いが、実際はそうでなかった。宣教師でもある教師のD・ラーネッドから雑誌*Nation*を購読する機会をあたえられ、イギリス・マンチェスター学派▲のR・コブデンやJ・ブライトの著作に親しむ契機をえたのも彼の影響であった。*Nation*は『国民之友』創刊に際してモデルとなったし、マンチェスター学派の政治思想や経済構想は初期の著作や新聞・雑誌における蘇峰の主張の背骨となった。

蘇峰の同志社在学時代において、もう一つ忘れてならない意識の変化は、新聞記者になるという志望をいっそう強くしたことである。とくに明治十年の西南戦争時における『東京日日新聞』社長兼主筆・福地桜痴▲(源一郎)の健筆ぶりと、明治天皇への戦況の御前報告は彼に強い印象をあたえたようだ。同志社の授業に出るよりも、『東京日日新聞』の論説を筆写して幾冊もの小冊子を作成していたという(『新島襄先生』同志社、一九五五年)。「太政官御用」の看板をえるため

▼マンチェスター学派　一八三六年から開始されたイギリスの穀物法(Corn Law)反対運動を推進したグループで、自由主義貿易を主張し議会内では自由党の政策を支持した。

▼福地桜痴　一八四一〜一九〇六。幕臣出身の官吏・ジャーナリスト。幕末期に洋行経験があり、岩倉使節団にも随行したが、明治七(一八七四)年以来『東京日日新聞』に入社し社長兼主筆となり名文をもって知られた。著書に『幕府衰亡論』『懐往事談』などがある。

「御用新聞」の誹りを受けていた福地への傾倒は、記者と政治家あるいはジャーナリズムと政治権力の距離の取り方という点で、後年の蘇峰と松方正義、桂太郎らとの関係を予期させるものがある。

この間蘇峰は、神戸で発行されていた組合教会系の『七一雑報』に筆をとることもあったが、卒業を間近にひかえた明治十三（一八八〇）年、上下クラスの合併問題に端を発する騒動を機に同志社を退学し、再び東京へ向かうことになった。

大江義塾の開鎖と挙家上京

蘇峰が東京をめざしたのは、『東京日日新聞』を発行する日報社に福地を訪ね記者として入社を乞うためであった。ところが、何度訪ねても福地と会うことができず、当初の計画は頓挫する。結局半年におよんだ今回の滞京中、岡松甕谷の紹成書院に入塾しそこで漢学を学んでいた中江兆民の知遇をえたり、また、参議井上馨を訪問して面談するなど、人脈を広げることができた。後年、国民新聞社結成などで行動をともにする同じ熊本出身の阿部充家と知りあったのも、この時であった。

しかし、それだけではない。明治十三(一八八〇)年秋、蘇峰は思想形成の掉尾となる重要な書物と出会う。その一つがT・マコーリー(マコーレー)の『英国史』であり、モノグラフ中の「ミルトン論」であった。とくに、ホイッグ史観▲が色濃いといわれる前者について、「予の頭の半分は此書で出来た」(『愛書五十年』)というほど熟読したようだし、ミルトンと母の膝の上で聴いた杜甫の詩の比較論は、やがて大正六(一九一七)年、『杜甫と弥耳敦』となって結実する。

明治十三年といえば、国会期成同盟が結成され、元老院への国会開設請願運動が盛んに展開されていた時期であるが、蘇峰の政治的志向もしだいに自由民権運動の陣営へと舵を切りつつあったと推定できる。そのような志向と東京で購った書物を携えて同年暮れ、熊本に帰ることになった。帰郷した蘇峰を待っていたのは、徳富家の経済的苦境と党派間の対立であった。実学党(漸進党)に属する父一敬は明治六(一八七三)年の県官退職後無収入であり、県下は学校党(保守党)と自由民権を主張する相愛社▲(急進党)との三党鼎立という状況下にあった。そうしたなかにあって蘇峰は、実学党から一歩踏みだして相愛社に加わ

▼ホイッグ史観　T・マコーリー(Macaulay)の『英国史』(一八四八〜六一年)に代表されるようなホイッグ(自由)党の立場からトーリー(保守)党の政策を批判し、専制から自由へ、国王から議会へという過程を歴史の道筋として是認する歴史観。

▼相愛社　明治十一(一八七八)年、熊本で結成された民権結社。同十五(一八八二)年には公議政党となり九州改進党に発展する。宗像政(のちに衆議院議員)らが中心となって活動し、蘇峰の自伝によればルソー『民約論』を金科玉条とする集団であった。機関紙『東肥日報』。

り、県内の巡回演説に加わったりした。

明治十五（一八八二）年一月十九日、新島襄が蘇峰に送った書簡の一節には次のようにある。「小生之兄に望む所ハ兄之一大国器トナラン事也」（『新島襄全集』3）。「国器」——まさに国をおさめる人物となることを期待されていたのである。同年三月、「国器」たるべき修養とあわせて徳富家がおかれた苦境を打開するために開設されたのが、蘇峰を塾長とする大江義塾であった。一敬も『論語』や『孟子』などの漢籍を講じた。盛時にはつねに数十人の塾生が在籍し、明治十九（一八八六）年に閉鎖するまでに三〇〇人近い青年たちを教育した中等レベルの学校である。この大江義塾については、基本的な史料集も刊行されていて、かつ、研究書や論文も多い。そのなかの一つ、鹿野政直の論文によれば、塾の教育内容は蘇峰の思想そのものであり、それは相愛社の革命（急進党）路線にそったものであったが、しだいに実学党の改革（漸進党）路線に回帰していったと指摘されている（これを同氏は「第一の転向」と評している）。

塾長とはいっても、蘇峰はまだ二〇歳前後である。みずから学び、教えるというのが大江義塾における教育のスタイルであった。前記したマコーリーの

同志社時代の蘇峰(左)

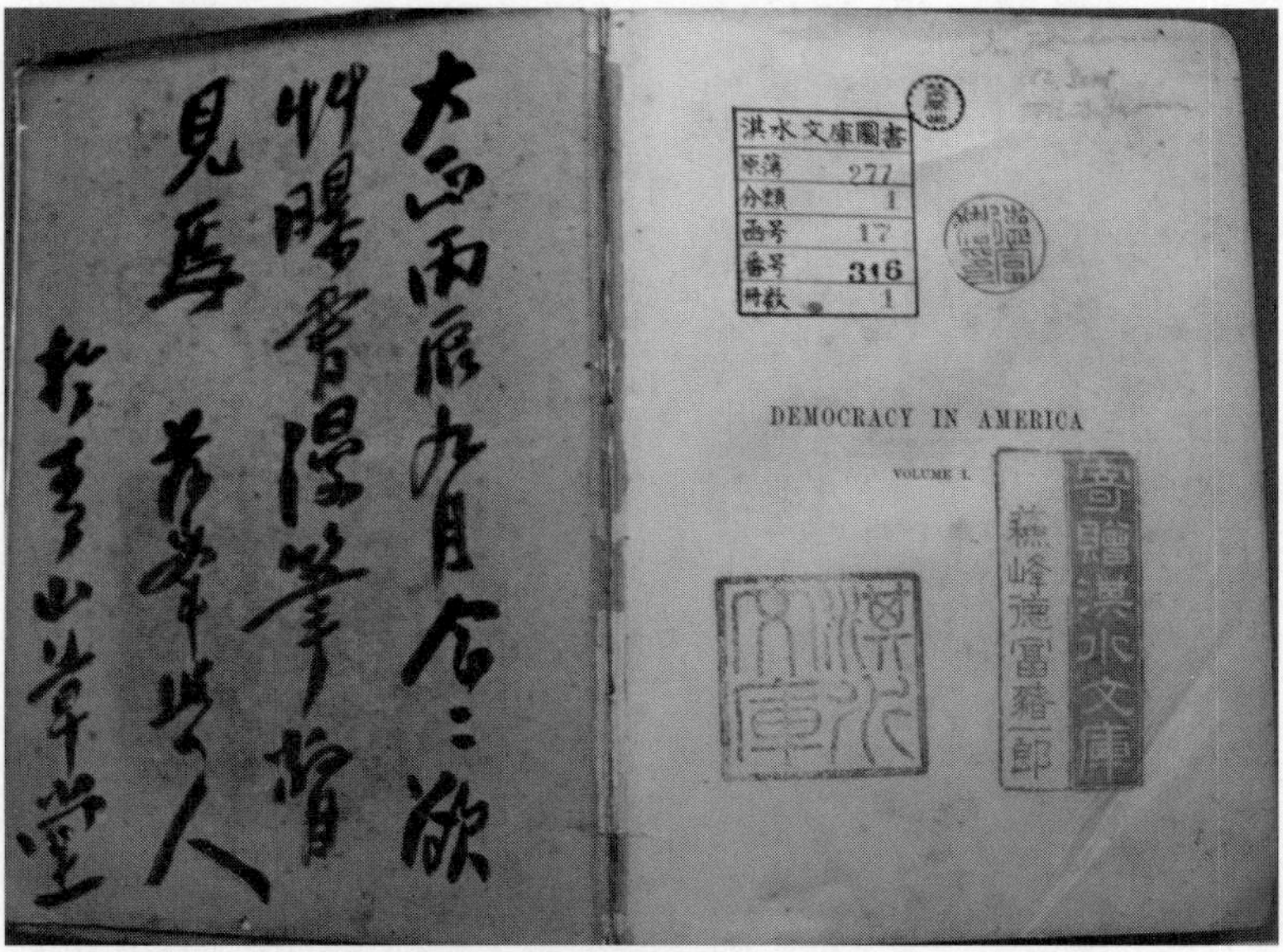

書込みのある『米国政教』(水俣市立蘇峰記念館)

淇水文庫　昭和四(一九二九)年、蘇峰が父一敬(淇水)の十七回忌を記念し郷里水俣に建てた図書館。その後、水俣市立図書館をへて現在は水俣市立蘇峰記念館となっている。淇水・蘇峰・蘆花父子の著書や原稿のほか、本文中にあるA・トクヴィル『米国政教』の蘇峰書入れ本などを所蔵する。

『英国史』を読了したのは帰郷して約一年後であり、塾の講義材料となったことはいうまでもない。明治十五年の上京時に購入したA・トクヴィルの『米国政教』(『アメリカの民主政治』、イギリス人リーブによる英訳本。『蘇峰随筆』〈一九二五年〉によれば八円であったという。水俣市立蘇峰記念館)と、石川武美記念図書館に残るH・スペンサーの『第一原理』を分析した山下重一の解説(お茶の水図書館編刊『お茶の水図書館蔵　成簣堂文庫洋書目録』)によると、両書とも産業社会と平民主義について論じている部分を重点的に読んでいたとされ、これらもさっそく、塾の講義で使用されている。

　こうして熟成されつつあった蘇峰の思想は、同時期の著作のなかに垣間見ることができる。たとえば、明治十四(一八八一)年十一月二十七日付の草稿「国権ハ如何ニシテ張ル可キ哉」では、「人民ヲシテ政権ニ参与セシメ、一身ヲシテ一国ノ利害ト近切ナラシメ、人民ノ権理ヲ保護シ自由ニ殖産工(ママ)業ノ事ニ競争セシメ、自由ニ言論セシメ、自由ニ集会セシメ、社会百般ノ事皆社会ノ元(ママ)則ニ従ハバ、人民ノ民権ヲ重ズルハ忽チ国権ヲ重ズルニナリ」と、人民の政治参加と民権の伸張がひいては国権の重視にもつながるという「平民主義」の基本原理が

▼**板垣洋行問題**　自由党総裁板垣退助の洋行費用の出所をめぐり、立憲改進党や自由党内部から批判が出され問題化された。

▼**田口卯吉**　一八五五〜一九〇五。幕臣出身の経済思想家・衆議院議員。明治十二(一八七九)年に『東京経済雑誌』を創刊し、イギリス・マンチェスター学派の自由主義経済論を唱える。蘇峰の著作を評価して東京の論壇に紹介したほか、後年の対外硬運動でも蘇峰と共闘する。

田口卯吉

すでに書き込まれていた。翌明治十五年夏に上京した時には、自由党総理板垣退助との会見が実現し、同年秋に板垣洋行問題▲が浮上すると、再度上京し中江兆民とともに後藤象二郎邸に板垣を訪ねるなど、蘇峰は自他ともに認める自由民権運動の活動家であった。

　さらに、明治十八(一八八五)年六月に三〇〇部だけ印刷した『第十九世紀日本ノ青年、及其教育』では、「青年諸君ヨ、諸君ハ我邦今日ノ改進ノ分子タルヲ記セヨ」と、青年に奮起を呼びかけていた。そして、挙家上京直前の明治十九年十月に刊行され、蘇峰の名を田口卯吉▲をはじめとする識者たちのあいだで高からしめた『将来之日本』では、「我ガ社会ヲシテ生産的ノ社会タラシメ、其必然ノ結果タル平民的ノ社会タラシム」と、「平民主義」の骨格が明快に宣言されていたのである。

　挙家上京のためにはさらに二つの準備が必要であった。一つは、明治十六(一八八三)年に父一敬から家督の相続を受け、蘇峰が九代目徳富家当主となること。もう一つは、翌明治十七(一八八四)年に、父親同士が元同僚の親友で、やはり横井門下だった士族倉園又三(又三郎)の娘のツル子(のちに静子、慶応三

（一八六七）年十一月十日生まれ）との結婚である。本人同士は相まみえることなくこの結婚は決まり、立会人は叔母横井津世子であった。静子は、蘇峰の原稿を清書したり筆記したりするような秘書役がつとまる人ではなく、文字どおり内助の功をつくすタイプの女性で、来客が使用人と見まちがうようなこともあったという。蘇峰自身は彼女の死後、「我が家の平和のマスコット」（晩晴草堂同人編『徳富静子』）であったと追想している。

いよいよ出発の準備は整った。明治十九年十二月一日、家族全員と大江義塾の一部塾生を引きつれ熊本をあとにしたのである。自伝によると、蘇峰は同行の同志人見一太郎に、「予等は長く田舎に老ゆべき者ではない。中原に出て角逐すべき時期は、正に到来せんとしつつある」と語ったという。「国器」として立つべき胸中の秘策はあらたな雑誌発行であった。

②記者徳富蘇峰の誕生——「明治の青年」として立つ

「嗟呼国民之友生れたり」

明治二十(一八八七)年二月十五日、上京からわずか二カ月後に「平民主義」を唱える雑誌『国民之友』は創刊された。第一号は菊判四二ページ立てで、記録によれば七五〇〇部印刷してたちまち売り切れたという。第一〇号で一万部、第二〇号で一万三五〇〇部に達した。当時は『東京日日新聞』など代表的な日刊新聞の毎日の発行部数が一万部前後という時代であるから、月刊誌としては破格の数字である。三年後に蘇峰が創刊した『国民新聞』も当初は日刊七五〇〇部であった。第七六号(明治二十三〈一八九〇〉年三月十三日)の表紙では「日本第一ノ雑誌」を自称するようになる。

『国民之友』の成功は、明治二十年代の雑誌創刊ブームの幕開けを告げることになった。志賀重昂▲、三宅雪嶺たち政教社の『日本人』も翌明治二十一(一八八八)年四月三日に創刊された。政教社の設立を知った蘇峰は同年三月二十二日付の書簡で阿部充家に、「近日数多の競争者出来申候。(第一)日本人と申す雑

▼**志賀重昂**　一八六三〜一九二七。三河国岡崎出身、札幌農学校卒業。南洋航海の見聞を『南洋時事』として出版し文名をあげた。明治二十一(一八八八)年、政教社を結成して雑誌『日本人』を創刊。蘇峰の最初のライバルと目される。のちに農商務省山林局長、衆議院議員などを歴任した。

志賀重昂

誌にて重なる記者は志賀重昂」と書き送っている。当時の新聞・雑誌記者の多くが書生社会を母体とするなかで（中野目徹『政教社の研究』）、民友社が東京大学・帝国大学卒業の学士や慶応義塾出身者ではなく、蘇峰のいう「田舎出の書生」（『書斎感興』一九二八年）の集団だったことも大きな特徴といえよう。

蘇峰の書いた『国民之友』創刊号の社説「嗟呼国民之友生れたり」では、「旧日本を破壊して、新日本を建設するは、維新改革の大経綸なり」としながらも、その目的はいまだ達成されていないとし、「明治の青年」すなわち「改革の健児」によって「平民的」な「新日本」を建設するという「平民主義」を揚言している。ここでは、鹿鳴館に象徴されるような貴族的な西洋文明の移入には異を唱えているものの、政府の施策には是々非々の態度で臨むことを書きそえているのが注目される。また、「平民主義」の要素の一つに「平和主義」があるが、『日本国防論』（一八八九年）を上梓するなど、当初から蘇峰の言論が「平民主義」一色ではなく、むしろ多方面にわたっていたことにも留意すべきである。

発行母体の民友社は、親類や元塾生などの熊本人脈を中心に、しだいに蘇峰の主張に共鳴する山路愛山▲や国木田独歩▲らを加えて拡大し、創刊に先立つ二月

山路愛山

▼**山路愛山**　一八六四〜一九一七。幕臣の子で、静岡に移住して成長した。蘇峰とは生涯にわたって交誼を結ぶ。のちに『信濃毎日新聞』主筆をへて、雑誌『独立評論』を主宰した。史論をよくし、『現代日本教会史論』『現代金権史』などの著書がある。

▼**国木田独歩**　一八七一〜一九〇八。下総国銚子出身、東京専門学校中退。日清戦争に際して『国民新聞』から従軍記者として戦地に派遣され寄稿した『愛弟通信』や、『国民之友』に連載した『武蔵野』などの作品がある。自然主義文学の先駆者と位置づけられている。

大江義塾の解散式(最後列右から８人目が蘇峰)

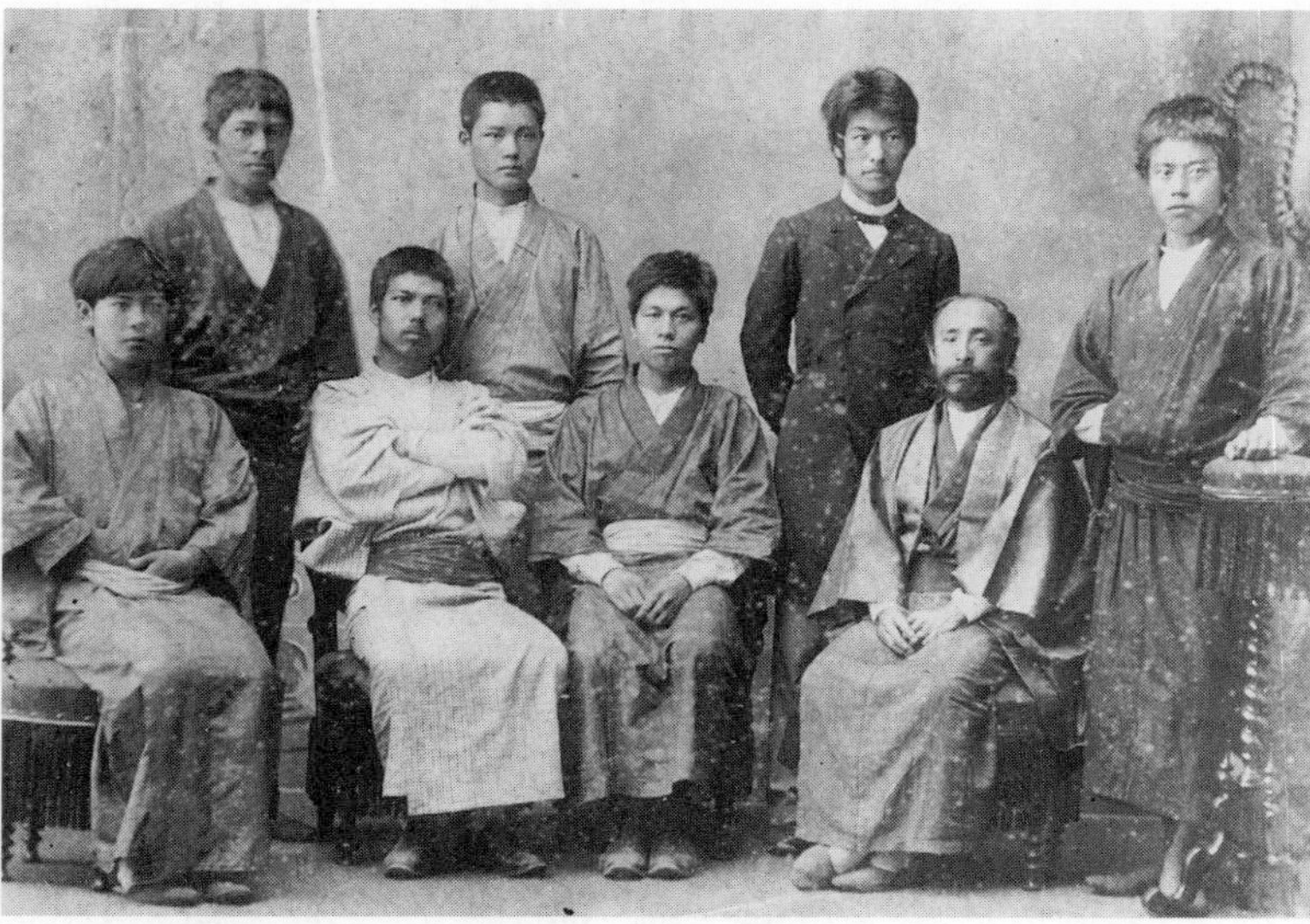

『国民之友』創刊時の社員(後列右から２人目が蘇峰)

三日に九段の富士見軒で開催された祝宴の参会者をみると、改進党系の新聞記者（矢野文雄や島田三郎）や熊本バンドのキリスト者（小崎弘道や浮田和民）、大江義塾時代からの知己であった田口卯吉や中江兆民らが名を連ねており、『国民之友』を支持する人びとの傾向がうかがえる。彼らは引き続き同誌の「特別寄書家」となって、論説を寄稿するようになる。

もっとも、翌年の『日本人』創刊によって「競争者」の「第一」と目されることになる志賀が『国民之友』第二号に執筆していることからは、蘇峰が併行して開催していた文学会▲での関係が浮かび上がってくる（高野静子『蘇峰とその時代』）。日本における近代文学の誕生に『国民之友』が果たした役割も見逃せない。第六九号（明治二十三年一月三日）付録に掲載された森鷗外の『舞姫』の原稿を蘇峰みずから受け取ったというのは象徴的な一コマである。ここからは主張の違いを超えた知識青年たちによる精神的共同体――言論社会の成立を看取すべきであろう。

「田舎紳士」と「平民主義」

『国民之友』創刊からわずか二カ月後の明治二十（一八八七）年四月、たたみか

▼**文学会**　明治二十一（一八八八）年、蘇峰と森田思軒が中心となり、矢野龍溪（文雄）を顧問格にして発会した「リテラリークラブ」。同二十四（一八九一）年頃まで続いたという。志賀重昂や、のちに『東京日日新聞』主筆となり蘇峰のライバル視される朝比奈知泉のほか、坪内逍遙や幸田露伴らも参加した。

けるように『新日本之青年』が刊行された。同書は『第十九世紀日本ノ青年、及其教育』を改題増補したもので、あらたに付け加えられた巻頭言で、「平民社会」への「改革」を先導するのは「明治の青年」であって「天保の老人」ではないと宣言された。「明治の青年」とは明治の年号とともに成長した世代であり、伊藤博文(天保十二〈一八四一〉年生まれ)や福沢諭吉(天保五〈一八三五〉年生まれ)は「天保の老人」であった。そして、「明治の青年何ぞ飛揚せざる、何ぞ飛揚せざる」と青年たちにいっそうの奮起をうながし、「明治青年の運命は明治世界の運命なり」と社会改革の担い手を彼らに委ねる姿勢を示したうえで、蘇峰自身その先頭に立とうとしたのである。

さらに蘇峰は、『国民之友』第一六号(明治二十一〈一八八八〉年二月十七日)に掲載した「隠密なる政治上の変遷」の「第二　田舎紳士」で、かつての「郷紳」論をより具体的に展開している。それによると、今後政治上の勢力を増してくるのは、英国でいうcountry gentlemanすなわち「地方に土着したるの紳士」であるとし、彼らこそ士族にかわって政治の中心に立つべき階層であると期待をこめて断言する。同誌第一九号(同年四月六日)掲載「第五　中等民族将に生長せんとす」では、「田舎紳士」こそが、「一身一家」を忘れず「天下国家」を論じて「実際的の政論」を担うことのできる「国家の本体」であり、日本が「平民社会に入るの兆候」を示す将来の「中等民族」だと論じる。「平民社会」の具体像を明快に提示したのである。ここには「居倉」と呼ばれた水俣の徳富家の残像と、そこで母から学んだ『大学』八条目の「治国平天下」の教えが横井流に活性化した姿があらわれていたことに加え、同志社以来学んだブライトの「国民とは茅屋の裡に住める人民なり」(「平民主義第二着の勝利」『国民之友』第一三九号、明治二十四〈一八九一〉年十二月十三日)という自由主義的な政治理論が潜んでいたといえよう。このような「平民社会」の実現こそが蘇峰初期の言論活動の目的であった。

こうして『国民之友』を創刊し「平民主義」を唱道した蘇峰が最初に際会した政治運動は三大事件建白運動であり、後藤象二郎が牛耳をとった大同団結運動であった。政教社の面々が後藤に期待をよせていたのに対して、蘇峰が将来を嘱望していたのは大隈重信であった。明治二十二(一八八九)年六月から、大隈条約改正交渉に対する反対運動▲が盛上りをみせると、蘇峰の筆致は混迷を余儀なくされる。陸羯南▲が社長兼主筆をつとめる新聞『日本』およびそれを支持する

▼大隈条約改正交渉反対運動
黒田内閣の外務大臣大隈重信が推進していた不平等条約の改正交渉は、大審院に外国人判事を採用するというものであった。これが明治二十二(一八八九)年五月三十一日付の『日本』によって報道されると、日本の国権を損なうものだとして本文中に記した各勢力を中心とする反対運動が勃発した。

▼陸羯南　一八五七〜一九〇七。陸奥国弘前出身、司法省法学校中退。内閣官報局編輯課長をへて、明治二十一(一八八八)年に『東京電報』主筆となり、翌年新聞『日本』社長兼主筆となる。当初は蘇峰と対立する主張を展開し最大のライバルとなるが、日清戦争前後になると対外硬運動で連帯する。

グループは、旧広島藩主の浅野長勲や農商務大臣を辞任した谷干城らを擁して日本倶楽部を結成し運動の中心に立ったほか、「競争者」の「第一」とされた政教社も大同団結運動の延長線上で独自の反対運動を展開していたし、蘇峰の郷里熊本の佐々友房を盟主とする紫溟会（かつての学校党）も反対派の一角を占めていた。それに対して蘇峰の『国民之友』の論調は生彩を欠くことになる。佐々の残した「条約改正ニ関スル朝野ノ景況」（「佐々友房関係文書」国立国会図書館憲政資料室）と題する史料によると、同誌は条約改正交渉に対する態度が「曖昧模糊」の雑誌に分類されている。『日本人』が歯切れのよい反対論で一貫していたのに対して、蘇峰は自伝のなかで「負け戦」であったと回顧している。政治家として大隈に期待し、改進党系の論客たちに親昵していた蘇峰の立場がそれをもたらしたといえよう。

陸羯南

「明治の青年」青木藤作

蘇峰は、「平民主義」の担い手を「明治の青年」と定め、将来の「平民社会」実現の鍵を「田舎紳士」の政治進出に見出していた。しかし、二〇歳で家督を相続していた蘇峰はともかく、彼の読者であった「明治の青年」たちはまだ志望不確かな書生か、あるいは家業を手伝う不安定な部屋住みのような立場におかれた者たちではなかったか。従来の研究で追究されてこなかったが、「明治の青年」と「田舎紳士」は当然イコールではなかったはずである。

『国民之友』を創刊し、続けざまに『新日本之青年』を刊行した蘇峰の文名は一気に上がり、多くの「明治の青年」が書簡をよせたり自宅や民友社を訪問するようになった。たとえばのちの二葉亭四迷もその一人であったが、ここで取り上げたいのは青木藤作という人物である。

藤作は明治三（一八七〇）年十月三十日、下野国塩谷郡狭間田村（熟田村、氏家町をへて現在の栃木県さくら市）の青木六郎・ヨシの三男として生まれた。六郎はのちに同村の戸長をつとめる名望家であった。狭間田村の地は広大な那須野が原台地の南縁に位置し、現在でも広々とした水田地帯である。青木家は地租だけで一万円以上を負担する郡内でも五指に入る豪農で（「栃木県多額納税者及大地主」明治三十一〈一八九八〉年九月調）、今でもその一部が残る大きな屋敷で肥料商も兼業していた。藤作はまさに蘇峰のいう「田舎紳士」の家に生まれた「明治

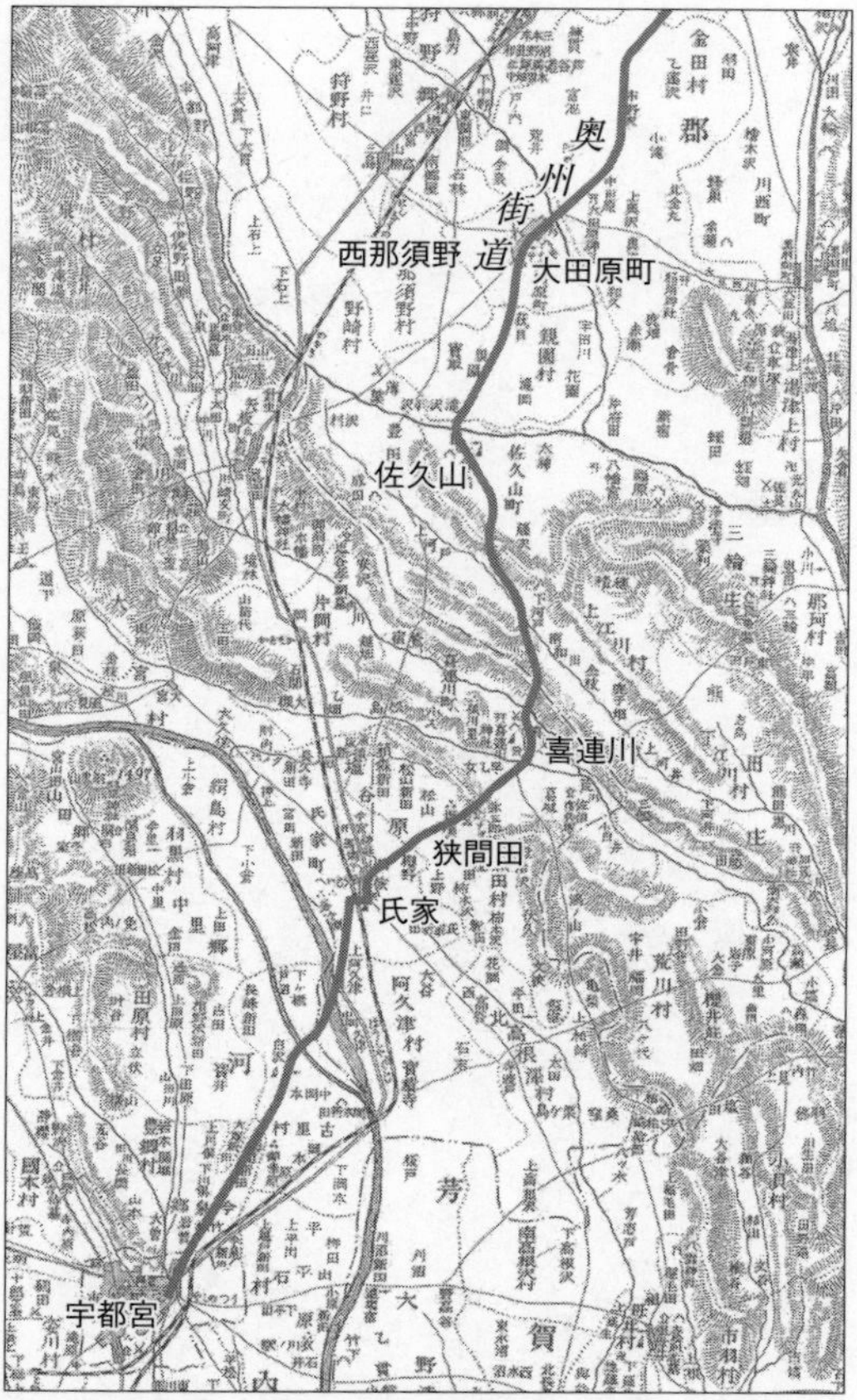

栃木県北部の地図（「栃木県全図」より作成）　太線が当時の奥州街道。

青木家（現大村家）**外観**（辻敏子氏提供）

の青年」だったのである。

残念ながら、幼少時の藤作について知ることのできる史料はきわめて乏しい。向学心に富み読書好きというのは、おそらく後付けの口伝であろう。明治十八（一八八五）年頃、宇都宮の以道館（館主渡辺順〈醇〉、県庁にも近い馬場町にあった）という漢学と英学の私塾があり（宇都宮市史編さん委員会編『宇都宮市史』近・現代編Ⅱ、宇都宮市、一九八一年）、藤作がそこで学んだことは確からしいと思われる。同館は下野学術講義会を主催し、「修身・文学・経済・法律・哲学・社会学・理化学等」を講じたという（同上）。藤作は東京に遊学したというものの確証はなく、地方の漢学書生だったというのがおそらく彼の最終学歴ということになろう。明治二十（一八八七）年には、帰郷して家業を手伝っていた。

そのような藤作が偶然手にしたのが蘇峰の『国民之友』であった。きっかけは新聞の広告か、もしくは宇都宮の書店の店頭であったか。二人の出会いは、藤作晩年の回想によれば次のようになる。「私は郷里下野国狭間田に在って之（『国民之友』―引用者補記）を購読し、先生（蘇峰のこと―同上）を崇慕するの念に堪へず、翌二十一（一八八八）年冬東京に出て、先生を赤坂榎（ママ）町の寓居に訪ふた」

（青木藤作編刊『蘇峰先生の一枝庵』一九四〇年）。この時蘇峰は、「理想を高くして、生活を低くせよ。……一日の生活は一日の責任あり、お互に奮励」（同上）しよう、と語りかけたという。当時一八歳だった「明治の青年」藤作の心に火がつけられた瞬間である。この言葉を教訓に、藤作は家業に「奮励」することになる。それには、蘇峰が『国民之友』第三八号（明治二十二〈一八八九〉年一月十二日）に書いた論説「社会経済的な眼孔」のなかの、「職業は一切平等」で「社会立身の法は、唯だ自己の職業を勤勉に、正直に、誠実に、精巧に之を践行するにあるのみ」という一節なども、藤作の心の火をさらに煽る要因となったのではないか。蘇峰の政治論にではなく、『静思余録』（一八九三年）に代表される人生論から発光するインスピレーションに多くの青年が感応したのである。

一方、蘇峰によれば、藤作とは赤坂榎坂町時代からの「知音」（親友）であり、「篤志の地方青年」であったと回想されている（『関東探勝記』一九二八年）。もっとも、蘇峰が無名の一青年である藤作を実際に「知音」と認識するのは、もう少し後年、「田舎紳士」となっていた大正期頃という印象であるが、それについては後節のなかでふれよう。

勝海舟

▼勝海舟　一八二三～九九。幕末～明治期の政治家。旗本の家に生まれ、蘭学・海軍術を学び、幕府軍艦奉行に就任し戊辰戦争では江戸無血開城につくす。維新後も参議兼海軍卿、元老院議官、枢密顧問官などを歴任した。伯爵。蘇峰は前述の父一敬、新島襄とともに海舟を生涯三人の師とあおぐ。

ちなみに蘇峰は、上京直後の明治二十年から藤作が訪ねた榎坂町五番地に住み、同二十三（一八九〇）年に同じ赤坂でも氷川町の勝海舟▲邸内の借家に転居した（その後の明治三十二〈一八九九〉年五月に青山に土地を購入して転居）。

『国民新聞』社長兼主筆

明治二十三（一八九〇）年は蘇峰にとってさらなる飛躍の年であった。二月一日、満を持して『国民新聞』を創刊し、社長兼主筆に就任したのである。新聞発行は、挙家上京前から蘇峰の宿志であった。創刊の背景には、いよいよ同年秋には議会が開設されることに加えて、前年の大隈条約改正交渉反対運動のなかで、羯南の『日本』が縦横の論陣を張ったことが「刺激」となり、雑誌『国民之友』では「生温い」（『卓上小話』一九三一年）――政局のスピードについていけないと実感したからであった。

この『国民新聞』の創刊から昭和四（一九二九）年の蘇峰退社までを詳細に論じる行き届いた研究に有山輝雄『徳富蘇峰と国民新聞』がある。同書では『国民新聞』が「独立新聞」として出発したことを重視している。「独立新聞」とは党派性

民友社・国民新聞社の所在した京橋区日吉町付近(安藤英男『蘇峰徳富猪一郎』より作成)

から自由なだけでなく、営利の論理も否定して言論の論理を優先する新聞である。さらに、「中等民族」のための新聞であったと指摘される。そこでも引かれている記録によれば、発行部数は創刊約半年後の明治二十三年九月十五日に一万一四七〇部に達したというから、数字の点からいえばたちまち当時の一流紙にならんだわけで、『国民之友』に続く大成功であったといえよう。土地・社屋の購入には『国民之友』の利益五〇〇〇円を充当し、創業資金の一万円は借金でまかなった。場所は民友社と並木通りを挟んだ当時の京橋区日吉町(現在の銀座八丁目)である。大正十二(一九二三)年の関東大震災による社屋移転まで、ここが蘇峰の言論活動の本拠地となった。

創刊号によせた「読者諸君に見ゆ」で蘇峰は、「吾人は敢て大なる希望を抱く者にあらず、唯吾人が及ぶ丈けの力を尽して以て今日の時勢に酬ひ、読者諸君に酬ひ、平生の志すところに酬ひんと欲するのみ」とかなり謙遜した書きぶりである。しかし中段、「いわゆる平民主義に至りては、乃ち天下の大道なるを信ずるが故に、斯主義に拠りて運動するは、恰も百万の援兵を後背に蓄ふるが如きを覚ふ」という自信を示し、発行の目的を富者と貧者、強者と弱者、貴き

山田武甫と蘇峰(左)

▼山田武甫　一八三一～九三。熊本藩出身。実学党に属し、自由民権運動に参加して九州改進党、立憲自由党の結成に参画した。衆議院議員。蘇峰は父とも慕い、若き日にもっとも大きな影響を受けた政治家。

者と賤しき者など、国内の二つの「階級的競争」の融和をはかり両者の「握手」をめざすことにおいた。すでに『国民之友』創刊直後、西園寺公望は「何やらソシアリズムの臭いがする」(『成簣堂閑記』書物展望社、一九三三年)という感想をもらしたとされるが、「平民主義」のもつ「改革」への強い希求は三年後のこの時期まで維持されていたといえよう。

　折しも同年十一月に開設された帝国議会によって、政治の舞台は議場における法律案と予算案をめぐる藩閥政府と民党の対立、買収を含む離合集散に収斂される傾向を強めていく。議会開設に先立って模索された自由党と改進党による進歩党合同運動にも、島田三郎や中江兆民らと交わした書簡をみるかぎり蘇峰は深くかかわっていたようである。議会開会後は、蘇峰の主宰する両紙誌ともに議場関連の記事が多くなり、彼自身も傍聴記を書いたりしている。明治二十五(一八九二)年二月には、干渉選挙で知られる第二回総選挙に際して、熊本から立候補した山田武甫▲を応援するために帰省した。同年十一月十三日発行の『国民之友』第一七二号に掲載した「中等民族の堕落」は、松方デフレ政策の影響により地租五円以上を納入する者が一〇年間で四〇万人も減少したことをもって、「中等民族」を構成するはずであった「田舎紳士」の没落を論じて、「平民社会」の中核である彼らに対して警鐘をならしている点で重要な論説である。かつて色川大吉は、この論説をもって「平民主義」が「空中分解」したと論じたが(『明治精神史』)、蘇峰の思想変容をめぐる問題に関しては後述したい。

翌明治二十六(一八九三)年に刊行された『吉田松陰』では、松陰を志士たちにインスピレーションをあたえた「革命的急先鋒」ととらえ、「第二の維新」の必要性を強調していた。同年四月二十六日発行の『国民之友』第一八八号に掲載した「大勢一斑」の記事中「星亨何者ぞ、渺たる一代言人のみ」という一節をめぐって、星が権柄を握る自由党とのあいだで軋轢が生じ、自由党員による『国民新聞』不買運動が発生した。同年初めから、自由党は第二次伊藤内閣と接近を始め、対する蘇峰は、伊藤内閣の対外政策と議会対応に不満をいだく対外硬派の面々と政治的立場と行動をともにすることになる。

対外硬運動と日清戦争

これ以降の蘇峰の政権構想は、大隈重信と松方正義▲の連携をはかることに重

▼**松方正義**　一八三五〜一九二四。薩摩藩出身。蔵相、首相などをつとめ元老、公爵となる。蘇峰の父一敬とは旧知の関係であったため、自伝などによれば蘇峰も新聞で松方を批判したその日の夕食を松方邸でご馳走になるような関係だった。蘇峰はのちに『公爵松方正義伝』全二巻(一九三五年)を執筆。

松方正義と蘇峰(左)

点がおかれた。父一敬とは旧知であった松方を蘇峰に紹介したのは従兄の藤島正健(大蔵省銀行局長、日本勧業銀行副総裁など歴任)であった。対外硬派▲は谷干城らを中心とする貴族院議員、改進党をはじめとする衆議院内の六派、それに陸羯南の新聞『日本』や政教社の『日本人』などの全国新聞雑誌記者同盟(新聞同盟)が主体勢力であって、明治二十七(一八九四)年三月二十八日付の警視庁の探聞史料によれば、蘇峰の次のような行動が報告されている。「国民新聞記者タル徳富猪一郎ハ、窃カニ大隈伯ノ内嘱ヲ受ケ、第五議会解散ノ理由ナキヲ責メント、近頃日本新聞陸実(羯南―引用者補記)ヲ説キ、之ニ同意シタル両名頻リニ奔走、開会前後各新聞鋒ヲ連ネテ攻撃セント相談中ナリ」(自明治十九年至同三十一年『公文別録』内務省、国立公文書館)。新聞同盟の首謀者の一人だったのである。その蘇峰が期待をよせたのは、衆議院六派の一つ立憲革新党であった。同年中と推定される「立憲革新党大論文」では、「責任内閣の制を扶植」するとともに、「現行条約を励行し、進んで現行の条約を改正」すると述べ、対外硬派の二大綱領を柱にすえ、「立憲革新党は、組織に於て平民的なり」と宣言していた。

対外硬派による議会内外からの吶喊を受け、第二次伊藤内閣は同年前半だけ

▼対外硬派　時の政府の対外政策を軟弱として批判する政治党派。明治二十六(一八九三)年、第二次伊藤内閣(外相陸奥宗光)の推進する「開国進取」の方針に反発して、貴衆両院や在野勢力が結集し「自主的外交」を主張したことに始まる。日清戦後に引き継がれ対露同志会などが日露開戦論を唱えた。蘇峰は初期の運動には中心的となってかかわったが、日清戦後にはその陣営から離れ、後述するように日露戦後の日比谷焼打ち事件では国民新聞社が襲撃を受けた。

で二度の衆議院解散による総選挙で応じた。しかし、八月一日の日清開戦によって一気に政治的休戦の様相を呈し、九月十三日、蘇峰も明治天皇の広島大本営進発と同じ列車で出征し、同地の福井旅館に国民新聞社の出張所をかまえ参謀本部ならぬ「乱暴本部」(『風雲漫録』一八九五年)と称した。すでに七月二十三日付『国民新聞』掲載の論説「好機」では、「吾人が清国と一快戦を欲するは、収縮的日本をして、膨張的日本たらしむ」好機だととらえており、こうした視点は同年末に刊行した『大日本膨張論』全体の主張を先取りするものであった。

蘇峰は翌年五月七日、旅順到着。この時すでに遼東半島還付の情報は届いており、同日詔書に接する。下関で締結された日清講和条約で約束された遼東半島の日本への割譲を三国干渉▲によって放棄することになったのである。自伝では、これが蘇峰を「精神的に殆ど別人」にする「一大回転機」となったとされる。しかし、旅順に到着した日に書いた日記では「金州半島を挙げて撤回との儀に有之、万事休すと存候間、直ちに帰京のつもり」(『風雲漫録』)と、おさえたトーンになっている。蘇峰のいわゆる「転向」は多分に自伝によって作為されたナラティブ(語り)のように思われる。もちろん、「平民主義」のなかでは「平和

▼三国干渉　日清戦争終結のため明治二十八(一八九五)年四月十七日に締結された日清講和条約で、清国から日本に割譲されることになっていた遼東半島を、同二十三日、露・独・仏三国が返還を求めた事件。日本政府は返還と決し、以後「臥薪嘗胆」の標語が流行した。

主義」を奉じていた蘇峰が、対外論においてこれ以後「力」(軍事力)による「帝国主義」へとその主張を変じていくことは事実である。明治三十二(一八九九)年の「山路愛山に与ふ」のなかで、「余が意見の平和主義より帝国主義に進化したるは較著なる事実なり」(『社会と人物』一八九九年)と明快に述べている。とはいえ、同時代の人びとから蘇峰の「転向」が批判された形跡をみつけだすことはできない。むしろ問題とされたのは、後述するように、第二次松方内閣の内務省勅任参事官を辞任しなかったことであり、それが「変節」と非難されたのである。つまり言論の内容よりも記者としての立脚地が糾弾されたのであった。

先行研究において転向論を採用する立場で、新聞経営との関係からこの時期の蘇峰を論じているのは和田守『近代日本と徳富蘇峰』である。筆者のみるところ、蘇峰は政治権力や司法警察の圧力によって主義を変じたわけではないから、そもそも「転向」というのはあたらない(しかし和田は、最晩年まで蘇峰の生涯を一貫してとらえることをめざして研究を続けた)。色川や鹿野のように蘇峰を自由民権運動の「革命家」とみればすでに早く「転向」をすませ、その思想は「空中分解」していたという評価になろうが、本書の立場からすると、「転向」後の蘇峰の言論を検討する価値のないものとはせずに、なお引き続き「思想の膨張」過程を丹念に追跡すべきだと考える。また、ビン・シンや米原謙はナショナリストとしての蘇峰を重視する姿勢を示しているが、時代とともに姿を変えていくあいまいなナショナリズムの概念を汎用すると、「転向」後の蘇峰は「帝国の膨張」を追認する単なる状況追随型のジャーナリスト、思想家となってしまう。むしろ、彼が記者であることを強く意識していたことを重視するならば、状況論的な言論活動に通底する基底的な思考方法はいかなるものだったのか、引き続き慎重にみきわめていく必要があろう。

「青雲」の人

日清戦後の蘇峰は、国内政治の面では戦前に引き続き大隈と松方の連携をはかり(明治二十八〈一八九五〉年十一月二十六日付大隈宛書簡、『大隈重信関係文書』8)、第二次伊藤内閣の対抗軸をつくる工作を行うとともに洋行の準備を進め、明治二十九(一八九六)年五月十九日、国民新聞社員深井英五(ふかいえいご)(のちに日本銀行総裁、枢密顧問官(こもんかん))をともなって横浜を出航した。渡航費の多くは大隈の周旋による伊(い)

万里銀行からの借金であったという(『卓上小話』)。母久子は餞別の和歌で「いのるぞよ千重の汐路の末かけて　国と民とを思ふこゝろを」(『浜久木』一九〇八年)と、在熊時代以来の「国器」への期待を歌い上げたのである。おもな目的は英国ロンドンで議会政治の実際と新聞事業を視察するとともに日英同盟へ向けて対日世論の涵養につとめ、欧州各国を巡遊し露国に文豪トルストイを訪ねることであった。

ところが、蘇峰の出発後の九月十八日に成立した第二次松方内閣(いわゆる松隈内閣)は薩派と進歩党のあいだで円滑な運営がむずかしく、英京到着後の蘇峰のもとに帰国催促状が頻々と舞い込む。とりわけ同年十一月に内閣書記官長高橋健三が主宰する雑誌『二十六世紀』掲載の「宮内大臣論」をめぐる二十六世紀事件が発生すると、同月二十三日付で藤島正健が、二十九日付で人見一太郎が、翌明治三十(一八九七)年一月二十三日付で再び藤島が蘇峰の帰国をうながす書簡を発し、翌々二十五日付の阿部充家書簡には「内外の必要は大兄の帰朝の一日も一刻も早からんことを欲する所なり」とある。帰国後の蘇峰のポストについても、明治二十九年十一月六日付人見書簡の「外務大臣」というのはご挨拶と

洋行中の深井英五と蘇峰(右)

帰国後，民友社員と(前列左から３人目が蘇峰)

徳富蘆花と妻愛子

▼徳富蘆花　一八六八〜一九二七。五歳下の蘇峰の弟。蘇峰について同志社に学び受洗。民友社員ついで国民新聞社員となり、翻訳や小説を担当。作品に『自然と人生』『不如帰』『新春』ほかがある。大正三（一九一四）年の父一敬の死以来蘇峰とは絶交状態となり、他界の当日に和解。

しても、帰国が迫った翌年五月三日付深井宛の国民新聞社員草野門平書簡にある「書記官長」「英国公使」となるとリアリティが増してくる。

後年の創作ではあるが、弟蘆花▲と妻愛子の共著となっている『小説富士』はこの前後の蘇峰周辺のようすをつぶさに（時には惨酷なほど醒めた目で）叙述している。横浜で帰国を迎えた父一敬の「眼はうるむで居た」という。そして、八月二十六日、蘇峰が内務省勅任参事官に就任すると「父の眼には涙が光って居た。母も涙を拭いた」という。父が白川県庁第三位とはいえ奏任官の七等出仕であったのに比し、長男は大臣、次官につぐ内務省第三位のポストで勅任官二等である。両親が期待する「国器」としての働きに一歩近づいたといえよう（ただし、蘆花の日記によると、この時母久子は「失敗たい」と嘆じたという。大臣でなかったからか、「変節」を非難されることを予測したからか、真意は判じがたい。『蘆花日記』第四巻）。対する弟は、「新帰朝者」の身辺の「鬱勃飛騰」の気運をみた十月二十四日付の書簡で、「青い雲、白い雲。同じ雲でも、わしや白雲よ。吾侭気侭に、空を飛ぶ」と送った。「青雲」の人・蘇峰の動静に衆目が集まったのである。

▼**新聞紙条例**　明治二十(一八八七)年勅令第七五号の同条例にあった内務大臣による新聞の発行禁止または停止および差押えに関する条文(第十九、二十条)は、同三十(一八九七)年、蘇峰たちが支持した第二次松方内閣の時に、同年法律第九号によって削除された。

内務省参事官辞令

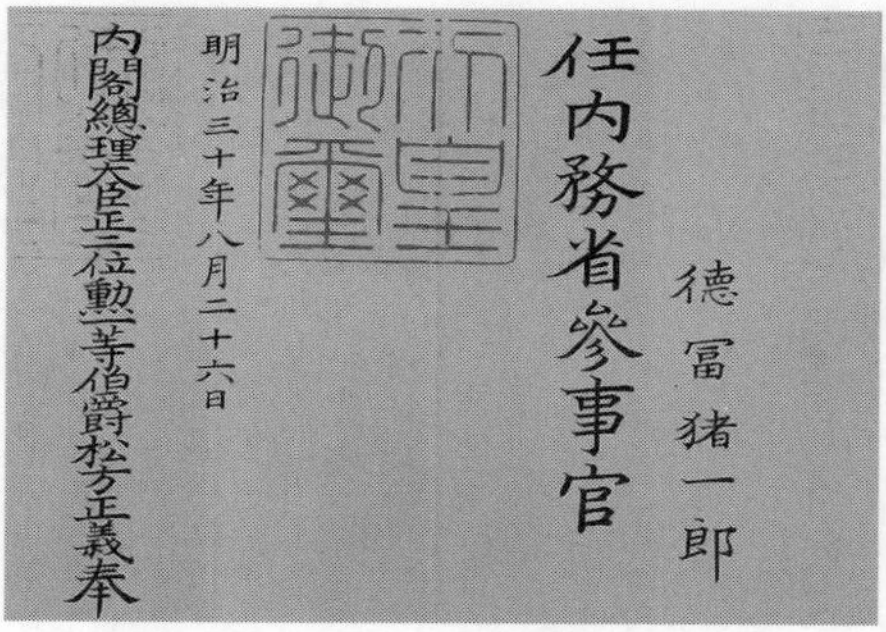
徳冨猪一郎
任内務省参事官
天皇御璽
明治三十年八月二十六日
内閣総理大臣正二位勲一等伯爵松方正義奉

「変節」を非難される

内務省は明治三十(一八九七)年三月に改正されたばかりの新聞紙条例▲の所管省庁である。蘇峰は、かつて福地源一郎の『東京日日新聞』がそうであったように『国民新聞』の政府御用化をめざした節がある。七月(日欠)付の「覚書」は松方首相ほか主要閣僚の確認をえたものといわれるが、その第一項で「現内閣の正統なる唯一機関たる事」がうたわれ、後項中では「唯一の機関としての待遇」として「資金の事」「新聞種の事」が掲げられ、別紙には「他ノ新聞通信社ヲ操縦スル事」が追加されている。それに対してであろう、当時司法大臣だった清浦奎吾(熊本出身、のちに首相)が同年七月三十日付の書簡で「今般天下之諸新聞紙を相手として特立被成候に付ては……小生の権内に於て専断難出来部類のものに付」と書き送っていることから、私は蘇峰の目論見は不首尾に終ったのではないかと考えている。公表できなければ蘇峰にとってメリットはなく、「覚書」が公表された形跡はないのである。

むしろここで重要なのは、蘇峰の「変節」の意味であろう。『国民新聞』は明治二十九(一八九六)年九月十五日付の紙面で、創刊以来一四回計一三八日間の発

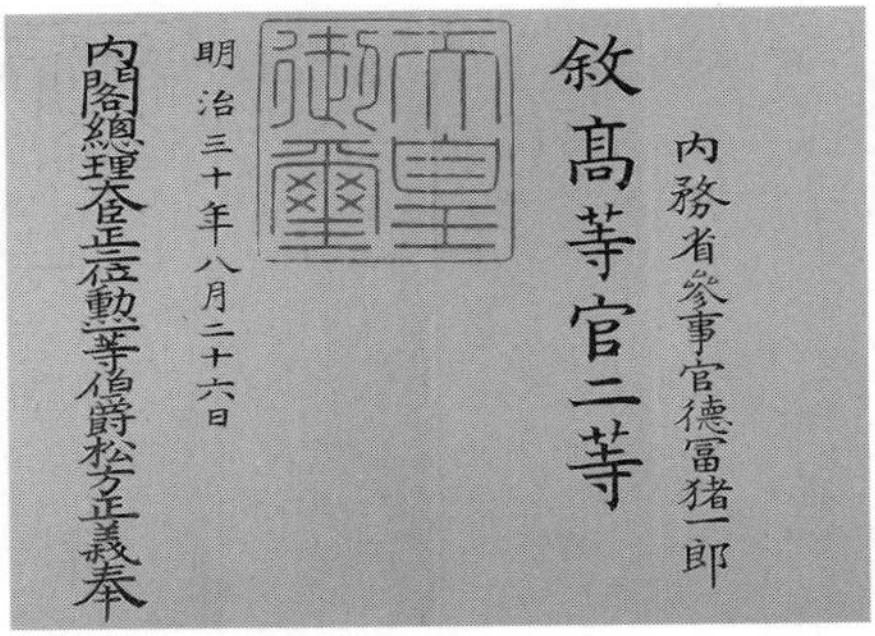
内務省参事官徳富猪一郎
叙高等官二等
天皇御璽
明治三十年八月二十六日
内閣総理大臣正二位勲一等伯爵松方正義奉

高等官二等辞令

行停止処分を受けたと報じている（「国民新聞の位地を明にす」）。けっして政府に対して従順な新聞ではなかったのである。「御用新聞」という世評の定着をものともせず、これ以降、自伝でいうところの「率ゆるものを率ゆる新聞」という立場への転換を一気に加速させたようにみえる。一〇年前の明治二十（一八八七）年に『国民之友』を創刊した時、創刊の辞で「吾人ガ言論ノ不羈独立」を宣言し、同年二月二日付書簡で恩師の新島襄が「近頃民友社御創立之よし大慶に奉存候。何卒兄之前途此字義を飽までも御貫徹、民之友たられん事小生之切望して止まざる所」（『新島襄全集』3）と望んでいたところから、大きく立場を変じてしまったことは確かなのである。

　蘇峰の勅任参事官就任後の明治三十年九月一日付『国民新聞』では「吾人が政友たる松方内閣」と断言しているので、同紙の旗幟は鮮明であった。ところが十月に入ると、人事や地租増徴をはじめとする内外の問題をめぐって松方内閣と進歩党の疎隔は弥縫できない地点に達し、十一月二日には外務省勅任参事官の尾崎行雄や農商務省山林局長だった志賀重昂たちが懲戒免職となり、ついで八日には大隈も辞表を提出して両者の関係は決裂した。『小説富士』によれば、

「恬淡な山林局長は彼（作中の「寅一」すなわち蘇峰のこと—引用者補記）を訪ねて連袂辞職を慫慂した」にもかかわらず、蘇峰はそのまま松方内閣に居残ることを選んだのである。この蘇峰の行動が「変節」として非難されることになった。たとえば、十一月四日付の『日本』は、蘇峰が「多年藩閥を攻撃して今ま（ママ）は藩閥の参謀」となったと論じ、「内閣書記官長となるべし」という政界の噂を紹介し、翌五日付の『萬朝報』では、「蘇峰生の無節操を責むる野暮ハ乃ち野暮と雖も頃者頻に買収運動に奔走するに至りてハ沙汰の限也」と報じられ、蘇峰が進歩党軟派の懐柔工作に奔走しているようすを伝えている。

要するに蘇峰は、その去就を政党（進歩党）とともにしなかったことが糾弾されたのであり、政党の行動原理よりも戦後経営の遂行（軍備拡張）すなわち「帝国主義」の実現を優先したのであった。そもそも彼はその後も一貫して政党内閣に対して批判的な態度で臨む姿勢を示していた。このように、「変節」の本質とは記者としての言論活動の初心をすて、言論社会内で特権的な地位をえることで「国器」たらんという野心を満たしていこうというもので、蘇峰にとって大きな転換点の始まりだったのである。

結局、明治三十年十二月二十五日に松方は辞表を提出し、蘇峰も翌三十一（一八九八）年一月十二日に官途を辞すことになった。同年一月九日付の『国民新聞』は「愛読者諸君に告ぐ」を掲げ、「過ぐる半年の間、あらゆる罵詈讒謗を受け」ながら「独力を以て松方内閣を助けたるも只だ戦後に於ける新興日本の経営を完成する微衷に外ならず」と松方内閣との提携を総括したものの、読者の離反はまぬがれなかった。この年は、蘇峰にとって「どん底」（『蘇峰自伝』）であった。大隈をとおしての洋行資金の返済は川上操六（陸軍大将、参謀総長）によって肩代わりされたが（『小説富士』）、「変節」批判によって「『国民新聞』の運命も風前の灯」（『卓上小話』）となってしまったのである。発行部数も約四分の一の四〇〇〇部まで激減したという（早川『徳富蘇峰』）。この時蘇峰は民友社から発行されていた『国民之友』『家庭雑誌』▲*The Far East*▲（『極東』）三誌の廃刊を決め、新聞のみに注力する決断をくだした。続く第三次伊藤内閣と第一次大隈内閣（いわゆる隈板内閣）の時が最低の状態で、第二次山県内閣、第四次伊藤内閣の時期にいたってようやく回復の兆しがみえてきたという。

▼**『家庭雑誌』**　民友社内の家庭雑誌社から発行されていた家庭婦人向けの雑誌。明治二十五（一八九二）年創刊。

▼***The Far East***　民友社から発行された『国民之友』の英文版雑誌。明治二十九（一八九六）年創刊。廃刊後は『国民新聞』に吸収された。

「明治の青年」から「田舎紳士」へ

蘇峰が日清・日露(にちろ)の両戦争をへるなかで、「平民主義」から「帝国主義」へのいわゆる「転向」——蘇峰みずからの認識では「進歩」(『国民新聞』明治三十三〈一九〇〇〉年一月一日付)、筆者のみるところ新聞記者として読者に語りかける位置の変化が明らかとなった時、彼によって心に火を点じられた「明治の青年」青木藤作はいかなる「奮励」の日々を送っていたのだろうか。

明治二十九(一八九六)年十月十九日付で、英国ロンドンに滞在する蘇峰に宛てて発信された草野門平の書簡によって、その動静をうかがうことができる。それによれば、「昨朝栃木県塩谷郡の有志家青木藤作なる人拙宅へ相見へ、貴兄遠征の中へ金五円寄付」とあり、さらに「先年も寄贈せし人にて、貴兄より小弟に接待掛を命ぜられ議院などに連れゆき申候人なり」と伝えられている。つまり、藤作は蘇峰の事業にときおり金銭を寄付する「有志家」と認識されていたが、藤作上京時のお相手は蘇峰の秘書役であった草野がつとめるという関係であった。この頃の「蘇峰ファン」(『読書人と山水』〈一九三二年〉で蘇峰みずからいう)の姿が垣間見える興味深い史料といえよう。帰国後の明治三十(一八九七)年七月二日付で蘇峰も藤作に宛て、「拝啓　仕候、欧米巡遊を終り、六月二十八日を以て無事横浜着港仕候、留守中は御厚配ニ(ママ)預り難有奉謝候、拝謝　旁　右御報申上候、匆々謹言」(那珂川町馬頭広重美術館)と書通した。

しかし、藤作が肥料商として大を成すまでの道のりは平坦ではなかったらしい。父六郎が隠居した明治三十年七月十五日に作成された「家督譲渡及分家法方規定書」(大村務家文書)▲第十二条によれば、藤作は同年十一月に分家新設が許され六〇〇〇円が分与されたが、家作は本家敷地内に設けられ、佐久山▲へ出張して商売をすることが定められた。ところが、その後いろいろな商売に手を出し本家から借金をしていたらしいことが、明治三十四(一九〇一)年八月三十日の日付のある次の史料からうかがえる。

　　青木家規定
第一条　青木家ハ地方部ト肥料部トヲ以テ事業ヲ経営スルヲ目的トス
第二条　地方部家長青木六郎ハ鳥ニ関スル事業及肥料本支部ノ事業ヲ旨トス
(中略)

▼**大村務家文書**　最終的に青木本家を継いだ藤作の次兄青木義雄の外孫にあたる大村務家に伝存する資料。

▼**佐久山**　佐久山は、現在では大田原市に併合されている旧奥州街道の宿場町で、福原家一万四〇〇〇石の小城下町でもあり、江戸時代の道中歌には「はや氏家に喜連川花の佐久山あとに見て可愛お方に大田原」とうたわれ、娼妓だけでも百数十人を数えるほどの繁華の地であった。明治期に入ると、しだいに衰退に向かうが、印南丈作は明治十三(一八八〇)年に那須開墾社を創設して初代社長に就任するなど、なお開墾事業での需要をみすえて肥料店を開くにはふさわしい地であった。

第五条　青木藤作ハ是迄ノ商業ヲ全廃シ、佐久山支部ノ商品ヲ販売シ、前
年度分ノ売掛金ヲ取立テ次第家長ヨリノ借用金ヘ入金シ、満期決算日迄
ニハ元利皆済スルヲ本業トシ、其他ノ商売ヲ営ムコトヲ得ズ

（後略）　（大村務家文書）

藤作は、現在では栃木県北部の中心都市大田原市に併合されている佐久山の中心である仲町に街道を挟んで本宅と店舗を構え、遅くとも明治四十（一九〇七）年までに氏家と西那須野に支店を開設するなど、この時期に急速に事業を拡大した。背景に那須野が原開拓事業▲の本格化があったことはいうまでもない。たとえば、西那須野村についていえば、明治十九（一八八六）年に戸数一八九戸、人口三八八人であったものが、同四十五（一九一二）年には七〇八戸、四三七一人に、戸数で三倍強、人口にいたっては一〇倍以上に増加しているのである（西那須野町史編さん委員会編『西那須野町の産業経済史』西那須野町、一九九七年）。

那須野が原開拓の中心地域に広大な農場を経営したのが、前記したように蘇峰がその第二次内閣成立に尽力した松方正義であった。松方が約一〇〇〇町歩におよぶ千本松農場の本格的経営に乗りだしたのは、那須開墾社が解散された

▼那須野が原開拓事業　栃木県北部に広がる那須野が原では、明治中期以降新旧華族層によって大農場があいついで設立された。多くの人夫（雇人）が流入し、小作化していったことも事実だが、群馬県や長野県などからの集団移住の例もみられた。疎水事業の進展によって開墾が進み、千本松農場の例では明治二十六（一八九三）年から同四十四（一九一一）年のあいだに田畑面積は約二倍にふえている。これに牧畜、養蚕、山林経営などを組み合わせた農業形態こそ那須野が原における開拓事業の実相であった（西那須野町史編さん委員会編『西那須野町の開拓史』西那須野町、二〇〇〇年）。

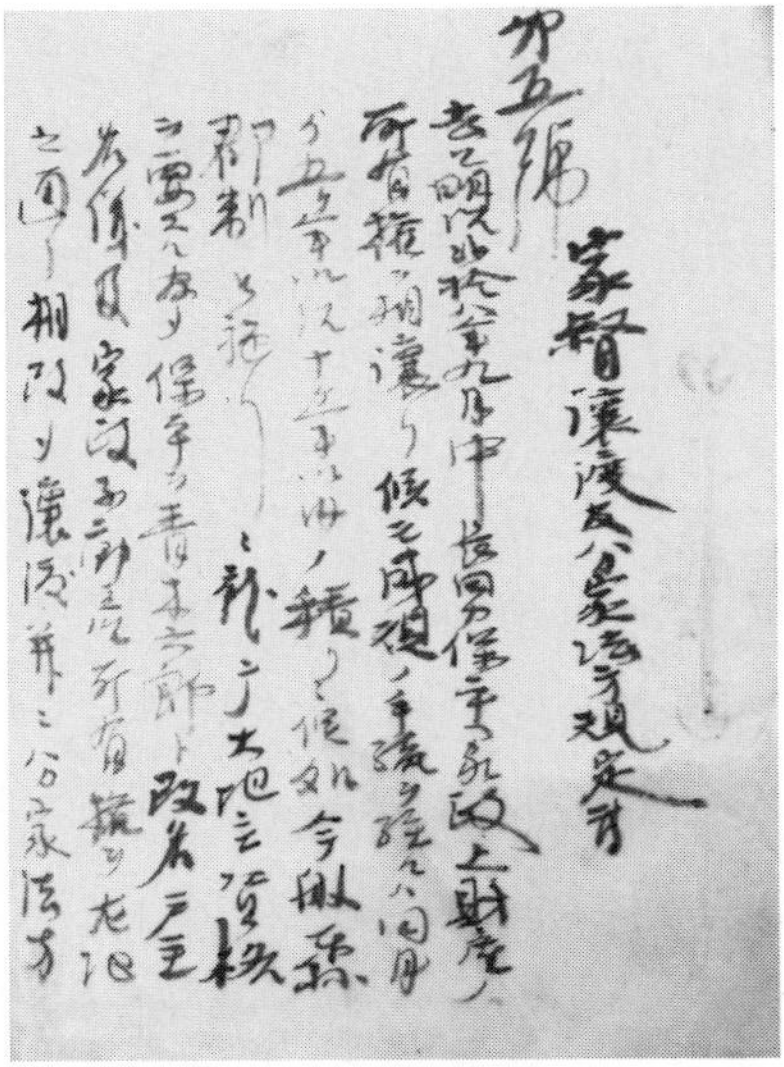
第五編
家督譲渡及ヒ分家法方規定書

「家督譲渡及分家法方規定書」(大村務家文書)

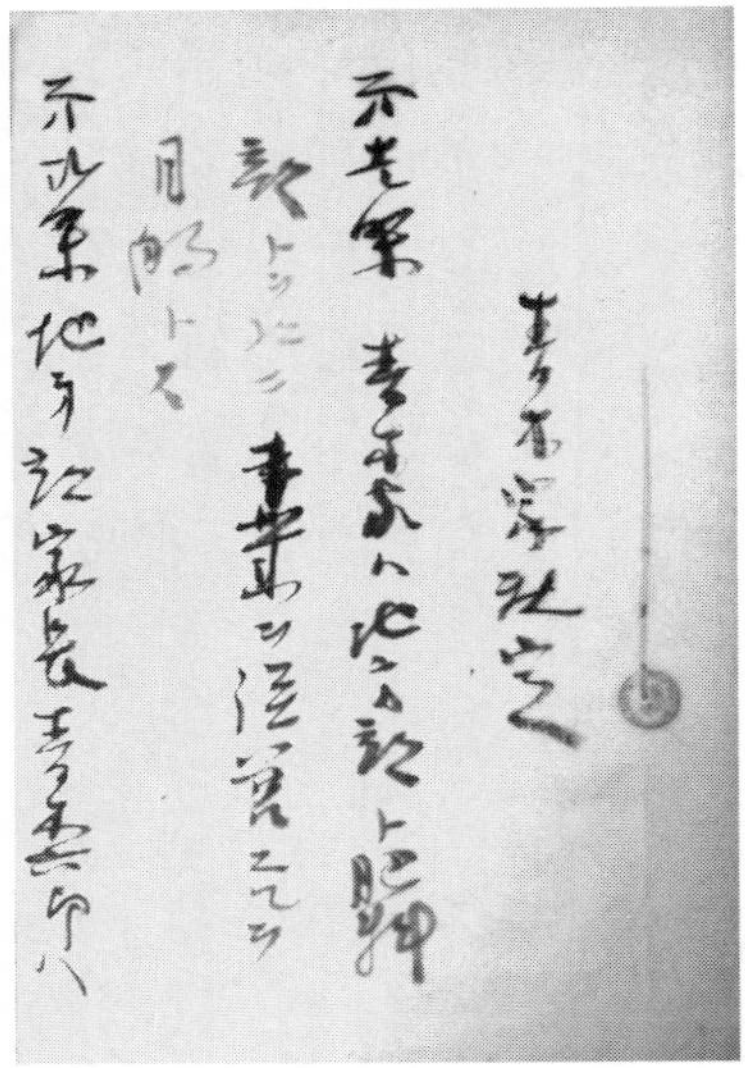
青木家規定

「青木家規定」(同左)

千本松農場の松方家別荘

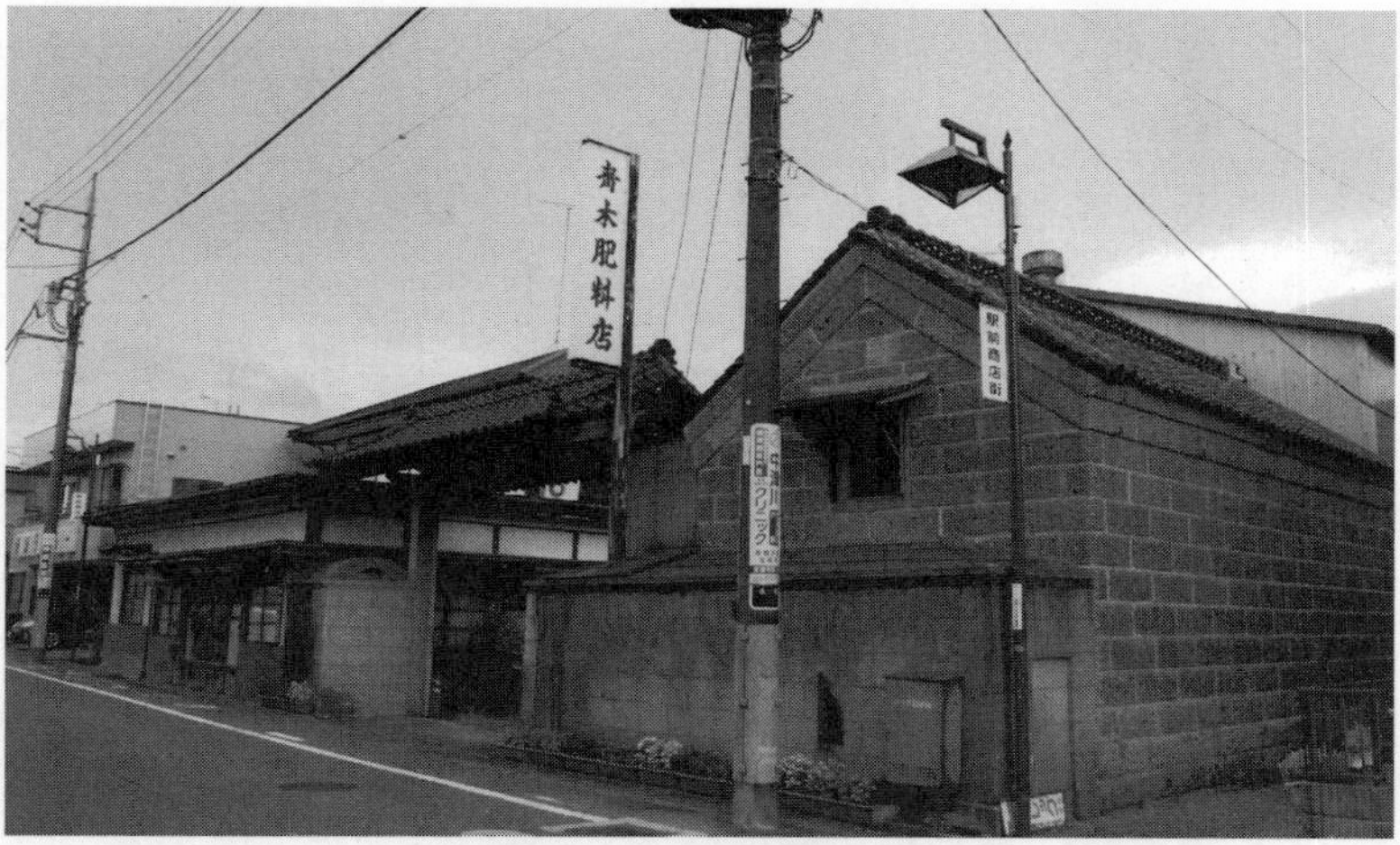

平成元(1989)年まで営業を続けていた青木米穀店氏家支店の外観　左手奥がJR氏家駅。

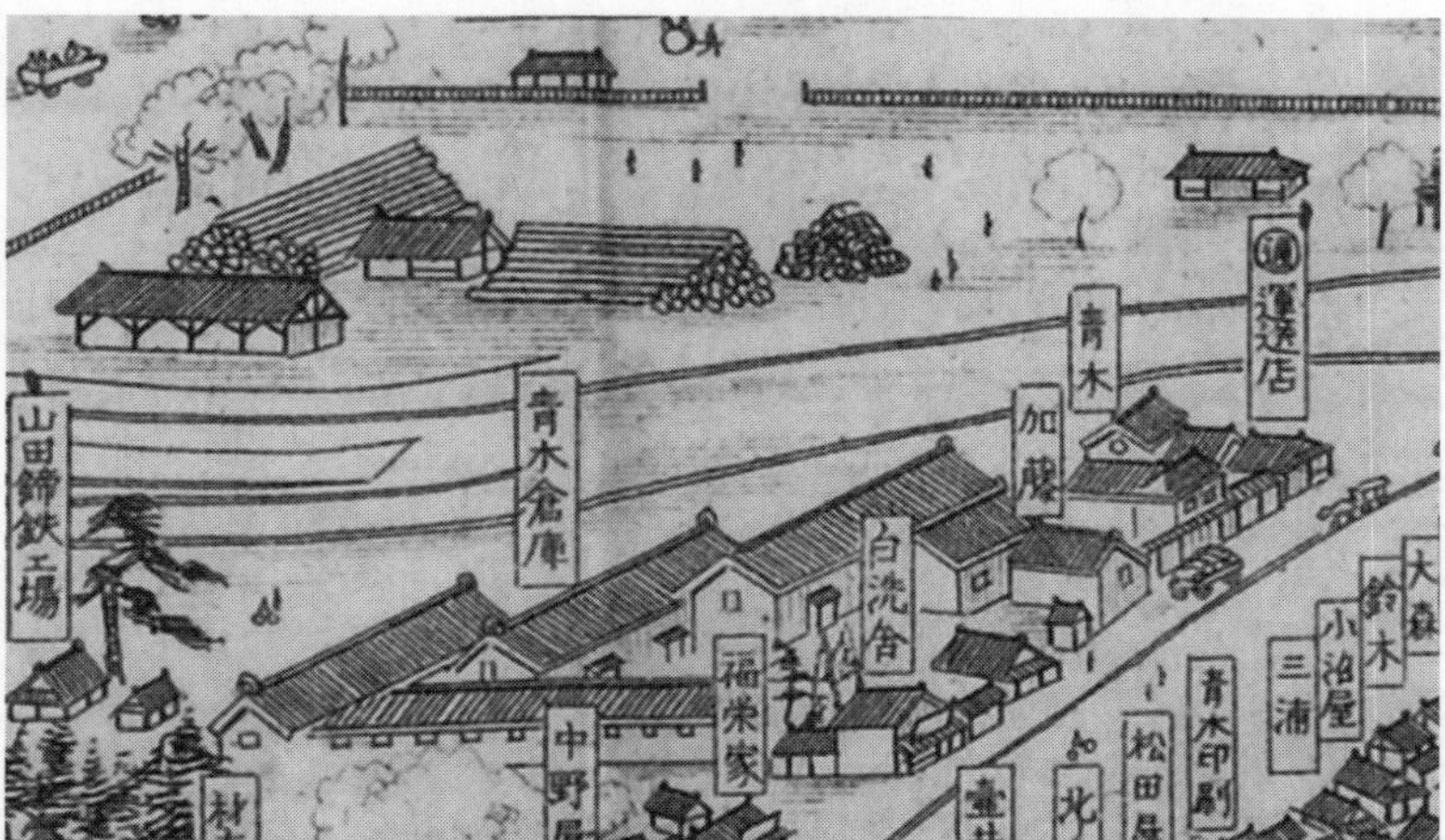

西那須野支店の様子が描かれた「栃木県西那須野駅真景」(部分)

明治二十六(一八九三)年であった。本書の文脈でいえば、この年は第一次松方内閣を継いだ第二次伊藤内閣が進める条約改正交渉の方針をめぐって、蘇峰も一角を担う対外硬運動が開始された年である。前述したように、蘇峰は大隈と松方を連携させ、伊藤内閣に対抗させるという戦略を練っていた。

明治四十四(一九一一)年、那須野が原開拓の最前線基地ともいえる西那須野村の『郷土史』によれば、村内には肥料店が二軒しかなかったとされ(『西那須野町の産業経済史』)、そのうちの一軒でかつ運送業もかねた藤作の「奮励」ぶりが想像できるわけだが、それを間接的にでも証することのできる史料は乏しい。明治四十年、藤作が喜連川(きつれがわ)銀行の取締役に就任しているのをみても(池田真規「さくら市の近代化」『氏家の歴史と文化』第九号、二〇一〇年)、わずかのあいだに肥料商として成功したことは疑いない。翌四十一(一九〇八)年六月三日には長男六良(ろくろう)が家督を継いでいた本家から正式に分家独立した(大村務家文書)。青木藤作という一人の「明治の青年」が、蘇峰の言葉によって心に火を点じられて家業に「奮励」し、「田舎紳士」として「成功」を手中におさめる姿が確認できる。

『日本全国商工人名録』によれば、大正三(一九一四)年の時点で青木肥料店は、栃木県那須・塩谷二郡の肥料商のなかで二番目に多い一八四円余りの営業税をおさめていた。大正八（一九一九）年に佐久山銀行の取締役に就任していたのをみると（大田原市史編さん委員会編『大田原市史』後編、大田原市、一九八二年）、大戦景気で事業がさらに拡大していたのであろう。明治期から大正期にかけて蘇峰が藤作に送った書簡をみると、多くが贈答に対する礼状であり、この間も藤作は地元のもち米や鮎などを送っていたことが明らかになる。やがて蘇峰の言論活動の有力な支持者になる素地を形づくった時期といえよう。

藤作のほかに、蘇峰の言に刺激されて「奮励」し、この時期までに「成功」を獲得した「蘇峰ファン」としては、森永（もりなが）製菓の創業者・森永太一郎（たいちろう）、服部（はっとり）セイコーの創業者・服部金太郎（きんたろう）など、枚挙にいとまがない。

③——「変節」以後の言論と修史——「御用記者」から再び「立言者」へ

桂内閣の「御用記者」

「変節」を非難されて大きな打撃を受けた蘇峰は、いよいよ藩閥政治家との距離を詰めることで『国民新聞』の再建をはかると同時に、彼自身の野心の実現をめざして邁進する。明治三十一（一八九八）年、民友社結成以来対立していた伊藤博文とはじめて面談し（『東西史論』一九三三年）、同三十三（一九〇〇）年五月、立憲政友会結成に向けて伊藤が九州遊説に向かった時、蘇峰も同道していわば露払いのような役目を果たす。入党こそしなかったものの、伊藤からも新聞経営のための補助金を受け取っていたという（有山『徳富蘇峰と国民新聞』）。

翌明治三十四（一九〇一）年、第四次伊藤内閣が閣内不一致で瓦解し、同年六月第一次桂▲内閣が誕生すると、蘇峰と桂本人との蜜月関係はなかば公然となる。二人の関係をもっとも的確に表現しているのは桂内閣の「御用記者」という当時の世評であった。いつのことかははっきりしないが、松方によって「桂という男は面白い、一つ加勢してやってはどうか」（『卓上小話』）と仲介されたという。

桂太郎

▼**桂太郎**　一八四七～一九一三。長州藩出身の軍人・政治家。陸相、首相を歴任。公爵、元老となる。首相として日露戦争を指導したほか、韓国併合や不平等条約の改正などを行う。第三次内閣が護憲運動で倒壊後、桂自身も病にたおれた。蘇峰はのちに『公爵桂太郎伝』全二巻（一九一七年）を執筆。

最初の出会いは明治二十八（一八九五）年五月二日、日清戦争従軍中の戦地蓋平であった（『我が交友録』中央公論社、一九三八年）。明治三十四年に郷里の旧師行徳之卿に送った書簡に「政事家（ママ）は我が薬籠中の物、今や小生の一身は四通八達の地位」（一月十四日付）とあり、さらに同年「小生ニ於てハ文筆ガ活動ナリ、今更自から猟りて伴食宰相タルカ如キハ小生の屑とせざる所ニ候」（十二月二十七日付）と送っているのは注目に値しよう。この間に桂内閣の成立があり、蘇峰は「伴食宰相」（政治家）を断念して「文筆ガ活動」をとおして政治にかかわることを心に決めたのである。新聞記者であり続けることと「飯よりも好き」な政治にかかわり続けることの両全をめざすことで、「治国平天下の志」は安息の地を獲得し、「国器」たるべしという周囲からの期待は自負に変わっていったのであろう。

そのような蘇峰にとって桂は、「予の交際した政治家の内、桂ほど当てになる人もなく、人言を聴く人もなく、聴いて行ふ人もない」ということで、「理想的の道連れ」（『蘇翁感銘録』）にみえていた。そのうえ、桂からは「こんな事を書いて呉れ、こんな事は止して呉れと頼まれた事は断じてない」（『新聞之新聞』昭和四〈一九二九〉年一月十二日付）という。蘇峰の桂に対する評価は「総合的経世家」（『人さまざま』一九三一年）というものであった。「帝国主義は桂公一生の大本領」（同上）という主義の一致が二人を近づけた面もあろう。しかし、実際は、後述するように番記者のような関係であった。

桂内閣の時期になると、『国民新聞』は挽回の傾向を示しはじめる。すなわち明治三十四年一月には一日あたり七〇〇〇部の印刷であったものが、翌年十二月には一万六〇〇〇部を超えるところまで回復したのである。こうした傾向は日露戦争によってますます拍車をかけられ、明治三十八（一九〇五）年八月には八万部に達した。この間蘇峰は、桂内閣の戦争方針にそった報道を続けた。同月から米国ポーツマスで開始された日露講和条約交渉は、賠償金を放棄し樺太の南半分の割譲で調印されたが、条約が締結された九月五日、日比谷公園で開催された国民大会に参加した群衆は暴徒と化し、交番などのほか国民新聞社を襲撃した（日比谷焼打ち事件）。蘇峰をはじめ約七〇人の社員たちはピストルや日本刀で武装して社屋に立てこもり応戦し、双方に負傷者を出すにいたった。蘇峰は翌六日も新聞を発行し、第一面の「東京だより」で暴徒を煽動した「同業者」を激しく非難し、「此上(このうえ)戦争を継続するは、国家の為(た)めに、利害得失如何(いかん)との問題」なるがゆえに桂内閣の講和方針を支持すると述べ、襲撃と撃退の始末を詳細に掲げた。後年なお蘇峰は「ポーツマスの講和は、日本に取りて、決して失敗ではなかつた」(『三十七八年役と外交』一九二五年)と断言している。しかし、講和賛成の論調と日比谷焼打ち事件によって、『国民新聞』の発行部数はわずか一カ月で一万五〇〇〇部以上落ち込み、蘇峰は再び大きな打撃を受けることになったのである(「暴徒襲来の顚末」明治三十八年)。

「数の波」に乗る

これを機に、翌明治三十九(一九〇六)年から『国民新聞』は編集の方針を少数主義から多数主義へ、読者も知識階層から一般大衆へと方向転換することになった。具体的には、三面記事の拡充、地方版の発行、一日の増刷数を増加するなどの改良を行った(明治四十三〈一九一〇〉年版『新聞総覧』大日本電報通信社)。それには、この年の五月から九月にかけてはじめて訪れた中国の印象もあずかっているという。奉天(ほうてん)から北京(ペキン)、南京(ナンキン)、上海(シャンハイ)、青島(チンタオ)をめぐるなかで、「支那(しな)の強みは其の人口の衆にあり。……今日に於ては、数其物が大勢力也」（『支那漫遊記』一九一八年）と感じられた。蘇峰の「帝国主義」の発想と大衆社会到来への予測とが、新聞編集の方針転換につながったのである。彼の中国漫遊の結論は「支那の前途を悲観す可き理由を見ず」というものだったが、一方で、寺内正毅朝鮮総督の依頼による明治四十三年から大正七（一九一八）年におよぶ『京城日報』▲監督の経験がもたらす朝鮮に対する抜き差しならない蔑視観は、雑誌『日本及日本人』主筆・三宅雪嶺とも共通するもので（中野目徹『三宅雪嶺』）、当時の思想家、ジャーナリストの躓きの石というしかない。たとえば蘇峰は、明治四十三年の韓国併合に関して「日本と朝鮮の関係は、我が神代の古に復したり。……末家の看板を取りて、本家に合体したるのみ」（「朝鮮併合の辞」『国民新聞』明治四十三年八月二十九日付）と発言し、さらに「朝鮮は未開国にあらず、退化、堕落したのみ」（『両京去留誌』一九一五年）とも述べている。

桂との関係は、対立と妥協の相手であった西園寺公望と立憲政友会への対応にもあらわれた。たとえば、第一次西園寺内閣の時に原敬内相が議会に提出した郡制廃止法案▲に対して、明治四十（一九〇七）年二月十三日以降の『国民新

▼**『京城日報』**　明治三十九（一九〇六）年、初代韓国統監伊藤博文が発行を企図し京城で創刊された邦字新聞。蘇峰の盟友阿部充家が社長に就任した。

▼**郡制廃止法案**　明治三十八（一九〇五）年の第二十一議会以来、しばしば帝国議会に提案され、廃止を主張する衆議院・立憲政友会とそれに反対する貴族院・山県系官僚閥のあいだで政治的争点となっていた。最終的には大正十（一九二一）年、原内閣の時に成立した。

父一敬と母久子

聞』は連日廃止反対の記事を掲げ、桂をはじめとする山県系官僚閥を支持する立場を鮮明にした。他方、第二次桂内閣との関係は、成立時に公表された「政綱」を蘇峰が執筆したことに象徴されよう。これら第一次内閣以来の協力に対するいわば論功行賞は、明治四十四(一九一一)年八月二十四日、第二次内閣退陣に際して蘇峰を貴族院議員に勅選することであった。同日付で桂は、親孝行で知られる蘇峰の気持ちを穿つかのように、「本日は勅撰議員御拝命被成大賀之至に候。……貴御両親様之御面目御喜悦之程不堪拝察候。又賢兄御孝道之程をもと御推察候」と書通した。桂の人心掌握術の巧みさをみるべきであろう。

明治四十五(一九一二)年七月三十日の明治天皇崩御を蘇峰は最大限の弔辞と賛辞で送った。これをみた夏目漱石は、森次太郎(教育者、ジャーナリストで蘇峰とも交流がある)に宛て「国民は此度の事件にて最もオベツカを使ふ新聞に候。オベツカを上手の編輯といへば彼の右に出るもの無之候」(大正改元後の八月八日付)と書き送った。二個師団増設問題によって扼殺された第二次西園寺内閣のあとを受けて大正元(一九一二)年十二月二十一日に成立した第三次桂内閣に対しても、蘇峰は協力を惜しまなかった。しかし、この内閣は第一次護憲運動によってわずか五三日で瓦解するにいたり(大正政変)▲、国民新聞社は再度群衆の襲撃に遭遇することになった。後年、さきの焼打ちは「最も愉快」であったが、今回は「不愉快千万」(『老記者叢話』一九三〇年)と回顧している。政変の前後で、発行部数二三万部を誇っていた『国民新聞』の実売部数は三割減少したという(早川『徳富蘇峰』)。その間に発表された桂新党計画にも、蘇峰は綱領案を作成するなど深くかかわっていた。それだけに、退陣後の桂の病勢が亢進し十月十日に死去すると、蘇峰は寄る辺を失ってしまったのである。死の約一カ月前の九月四日、鎌倉の別墅に桂を見舞った蘇峰が、「公爵も御病気であるし、世間は面白くもないし、誰を相手に働く可きか、一向仕事に気が乗らぬ」(『政治家としての桂公』一九一三年)と弱音を吐いたのは、偽らざる真情であったろう。

「立言者」の陣形

桂を喪い、蘇峰は特定の政治家との関係を打ち切り「立言者」に戻る決心をした。だが、このあと、蘇峰の周辺には変化が多かった。大正三(一九一四)年には親とも師とも慕う一敬が死去し、前年から疎遠となっていた弟蘆花との関係

▼**大正政変**　大正二(一九一三)年二月十一日、第三次桂内閣を総辞職に追い込んだ一連の政治変動。政友会・交詢社(慶応系の経営者、ジャーナリストなど)・新聞社などが共闘し「憲政擁護・閥族打破」をスローガンに掲げ、のちに第一次護憲運動と呼ばれる。政変後、薩派を中心とする第一次山本内閣が成立し、政友会は与党となる。蘇峰はこの時も桂内閣を支持したため、国民新聞社は暴徒と化した群衆の襲撃を受けることになった。下野した桂は新党樹立を計画したが、桂死後の同年十二月、加藤高明を総裁とする立憲同志会(のちの憲政会、立憲民政党)が誕生した。

朝鮮の蘇峰邸(鵲巣居)付近

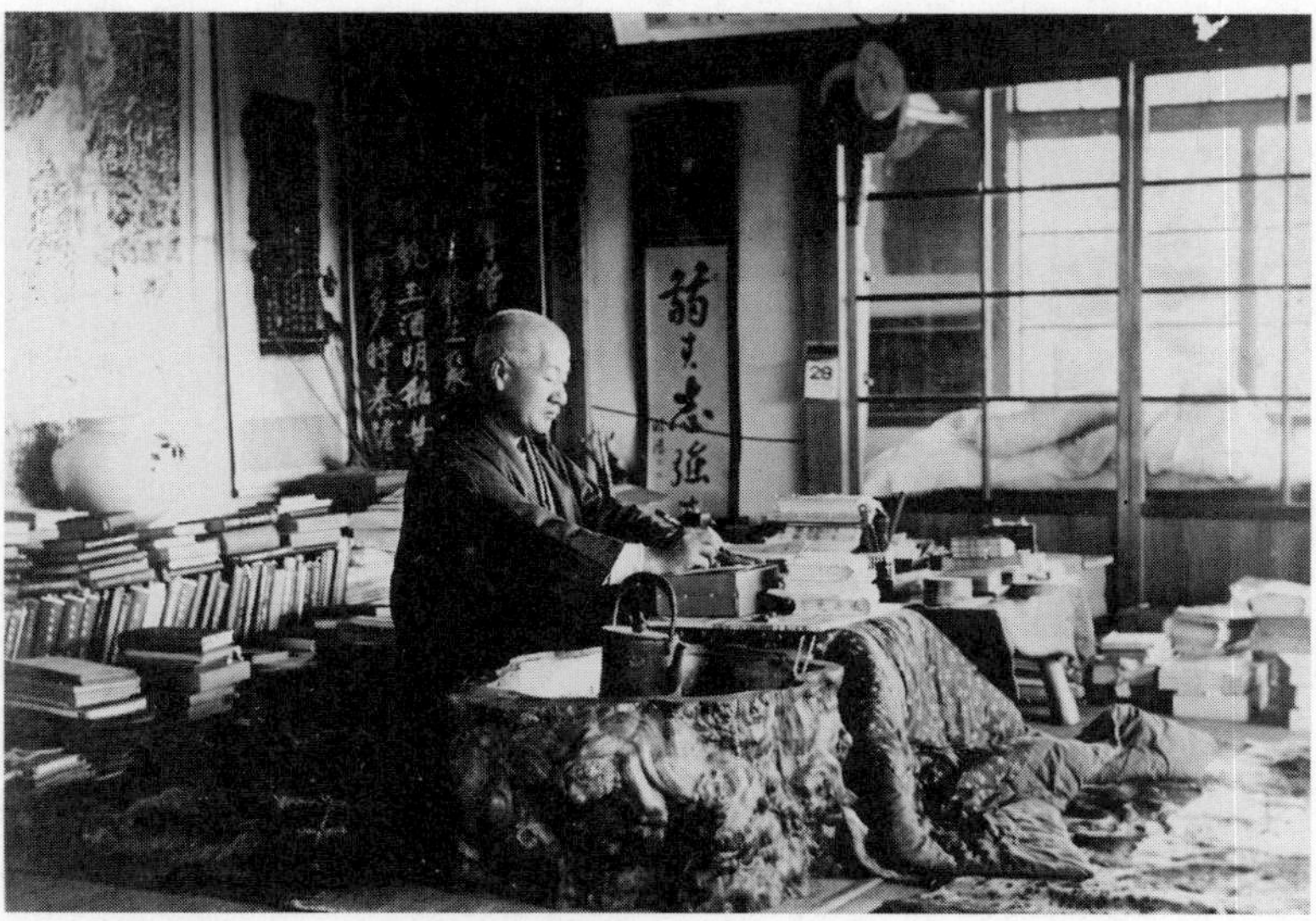

逗子の観瀾亭(野史亭)で執筆する蘇峰

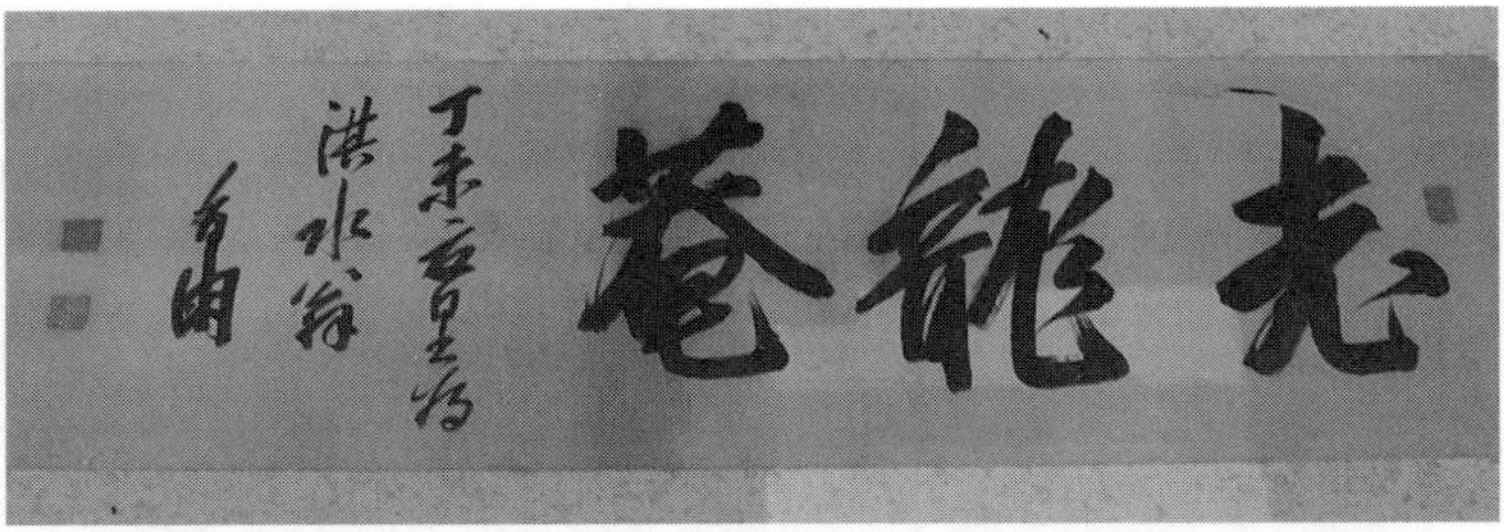

山県有明が一敬にあたえた老龍庵の篇額（山中湖文学の森　徳富蘇峰館）

も以後一五年にわたって絶たれる。大正八（一九一九）年には、蘇峰を信じ「国器」たらんとの大きな期待をよせ続けていた母久子が他界した。ちょうど同じ時期、蘇峰自身も盲腸炎をこじらせ病床に臥していたのである。以後生活の本拠を青山から逗子老龍庵の観瀾亭▲（野史亭）に移し、後述するように『近世日本国民史』を起筆する。

打ち続く不幸や不調にかかわらず、「立言者」に立ち返った蘇峰は旺盛な執筆活動を続けた。当時における蘇峰の主張は「外に向ては帝国主義、内に於ては平民主義は、是れ帝国の二大綱領にして、之を貫通するに皇室中心主義を以てす」（「大勢」大正三年四月五日付）という一文に集約されよう。その陣立ては、いずれも『国民新聞』紙上に連載され民友社から刊行された四冊の著書によってうかがうことができる。

まず、『時務一家言』（一九一三年）は「爾来の著作の総論、総目次」（同書、以下同じ）に該当する著作とされ、「平民主義」以来の意見の「発展」を概観したうえで、「帝国主義の急先鋒」となったことが自己肯定的に述べられる。「帝国主義」の具体的内容は、民族発展はすなわち領土拡張であり、具体的には大陸経営なかんずく「満蒙経営」こそが「国家百年の大計」であると断言される。そのためには軍備拡張が必要であり、皇室を「大和民族の根幹」とする「皇室中心主義」を奉じて「忠君愛国」を「国民一般の宗教」にするという構想が語られている。ここに、以後の蘇峰の言論活動の骨格をなす思想構造が明確に示されたようにみえる。ただしそれは思想構造というべきものなのか、単に「爾来の著作の総論、総目次」にすぎないのか、これによって蘇峰の思想は「進歩」をとめてしまうことはないのか、引き続き慎重に検討していくべきであろう。

こうして「立言者」に戻っても、桂内閣の「御用記者」時代の主張と変わらないのは、「数の波」に乗った『国民新聞』が「一般国民」を読者対象にしていたとすれば、論調は大衆ナショナリズムに迎合もしくはそれを煽動するものでしかありえなかったからだといえよう。石橋湛山が『東洋経済新報』で説いた「満蒙放棄論」などは所詮、少数の「学者先生、新智識階級」が支持するものにすぎなかったのである。とはいえ、第二次世界大戦後に時事通信社代表取締役となり蘇峰の『近世日本国民史』全一〇〇巻を刊行することになる長谷川才次は、中学生の時に父親の書棚にあった『時務一家言』を「真っ先に読んだ」(『想い出の蘇峰先生』、

▼**観瀾亭**　蘇峰は明治二十九(一八九六)年、神奈川県逗子に両親の住まいとして老龍庵を建て、その二階の自分の書斎を観瀾亭と称した。大病後の大正八(一九一九)年以降、同所で『近世日本国民史』の執筆を行い、野史亭とも称するようになった。裏山の一帯は現在、逗子市蘆花記念公園となっている。

長谷川才次　「蘇峰ファン」の一人。

上田常隆　「蘇峰ファン」の一人。

▼**「拝金宗」**……　明治後期になると、金銭万能論者(福沢諭吉とその門流を揶揄する意味で用いられることが多かった)や世俗的成功を求める風潮(明治三十五〈一九〇二〉年創刊の雑誌『成功』が支持をえた)、あるいは同三十六(一九〇三)年に一高生藤村操の投身自殺(「煩悶青年」の存在が注目を集めた)など、青年をめぐる問題状況が多様化した。

長谷川は青森中学校卒業)という。

つぎに、『大正の青年と帝国の前途』(一九一六年)である。同書は一〇〇万部を超えるベストセラーとなったが、かつての出世作『将来之日本』と『新日本之青年』の二著を「個人的平民主義」から「国家的平民主義」へ、「平和主義」から「力の福音」を信仰する「帝国主義」へと書きかえ、それらを当時二〇歳前後の「大正青年諸君」とくに「農村の青年諸君」に訴えかけたものである。

蘇峰によれば、「大正の青年」は「維新の青年」「明治の青年」に続くいわば「金持ち三代目の若旦那」であって、「模範、成功、煩悶、耽溺、無職」などに類型化され、総じて「国家と没交渉」であり「帝国の運命を担う」覚悟に乏しい者たちである。そこで「大正の青年」なかでも「農村の青年諸君」に望むのは、皇室をもって国家とする「積極的忠君愛国」であり、それを支える家族制度を維持するために「非自由恋愛」を主張する。蘇峰はそれまでも、青年に対して語りかける多くの論説を書いていた。日露戦争の時期には、「維新の青年」が自身を国家への供託物としていたのに対して、「明治の青年」は「拝金宗」や「成功熱」に浮かれ、あるいは「厭世の徒」となっているとし▲、「国家を以て愛妻と為す」よう求めていた(『第六日曜講壇』一九〇五年)。また、日露戦後になると「地方の青年に答ふる書」を連載して、「余計なる人生問題抔に執着し、自ら求めて煩悶するが如きは、甚だ以て不心得千万の儀に候」と述べて「煩悶青年」を否定し、自分は「恋愛学は初歩」だと断わりながら青年たちに「国家との結婚」を勧めていた(『第八日曜講壇』一九〇七年)。

しかし、そのような蘇峰の主張は当時の青年たちの心に響いていたのだろうか。のちに毎日新聞社長となる上田常隆は当時中学生であったが、「座右に置いてかぶりつくように読んだ」(『想い出の蘇峰先生』、上田は大阪の天王寺中学校卒業)というし、前に紹介した長谷川才次も『時務一家言』についで同書を読んだというので、地方在住の中学生などのあいだでは一定の読者が存在したことは確かであろう。一方で、大正二(一九一三)年から絶交中の弟蘆花は、同六(一九一七)年五月四日の日記に「〃大正の青年〃は無理に何万を売り出したが、青年は喜ばぬ。批評家もあまり推重せぬ。兄の時代は明白に過ぎつゝある」(『蘆花日記』第四巻)とシニカルに記した。『中央公論』の同年一月号に書評をよせた古川学人こと吉野作造▲も、「我々の現在の思想には関係のない、丸で違つた社会の

▼**吉野作造**　一八七八〜一九三三。「民本主義」を主張していわゆる「大正デモクラシー」の気運をリードした政治学者、東京帝国大学教授。『中央公論』をおもな舞台に盛んな評論活動を行った。明治文化研究会を結成し、明治前半期の文献の発掘・保存にもつとめた。

吉野作造

産物」と批判した。それに対して蘇峰も、文章のスタイルという点で吉野は「ヂャーナリストとして大なる欠点」(『成簣堂閑記』)がある、と負けていない。

「皇室中心の一大平民的国家化」

第三に、国内政治論として書かれたのが『大正政局史論』(一九一六年)であった。同書は緒言で、大正政変によって「政治上の中心人物は破産し……英雄なく統率すべき指導者なし」と述べたあと、第一次桂内閣以降第二次大隈(おおくま)内閣による第三十七通常議会の閉会までの国内政局の推移が、桂の「政友」として至近距離から観察した蘇峰ならではの見方で書かれている。桂その人の「衰運」の始まりを公爵を受けたことだとし、第三次内閣を組閣すべきでなく、結局短期間で辞職に追い込まれた失敗は「自業自得」であったと、突き放した評価をくだしている。執筆当時の第二次大隈内閣に対しては、大正新時代が「平民主義大繁盛」の時代であり、その代表者が大隈であるが、とくに拙劣な外交政略によってもはや国民的支持をえられていないとして、「大隈内閣の存続は……国民の恥辱也」と手厳しい。

蘇峰独自の政治観として、「政治は道理にあらず、感情なり」「政治は正義にあらず、利益なり」、そして「政界は法廷にあらず、風説の勢力は事実に十倍す」など、桂との蜜月関係のなかでつちかわれた知見が随所にみられる。全編が標題のごとく政局史論であって、政党内閣論や普通選挙論などは一切論じられない。しかし、その後の昭和期の論説を読むと、蘇峰は政党内閣をあまり重視していなかったのに対して、婦人参政権に関しては積極的であった。

最後に、国際政治論として『世界の変局』(一九一五年)がある。同書は第一次世界大戦開戦直後に起稿され、第二次大隈内閣の加藤高明外相が対華二十一カ条の要求▲を提出し、それが外交問題化しはじめた時点で擱筆された、まさに世界の変局に対する「秩序的、綜合的観察」をくだそうとした著述になっている。同書で蘇峰は、第一次世界大戦の原因をナポレオン以来の欧州における「国民的精神」の勃興と「民族的運動」の結果誘引された「人種的競争」(アングロ・サクソン主義、ゲルマン主義、スラブ主義などの動向をさす)の暴発とみる。そして、「国家は生存欲、権勢欲の上に立て、未だ道理心、徳義心の上に立たず」というリアリズムの立場から、今次の大戦を「自由主義」や「軍国主義」の対立という理

▼**対華二十一カ条の要求**　第一次世界大戦中の大正四(一九一五)年、中華民国政府に対して提出。加藤外相は日本の在華権益の保全をめざし、山東省や南満洲における権益の要求のほかに、中国政府への日本人顧問招聘などの希望条項を含んだ。同年六月九日に批准書が交換されたが、中国の反対は続きパリ講和会議でも日本は強い非難を受けた。

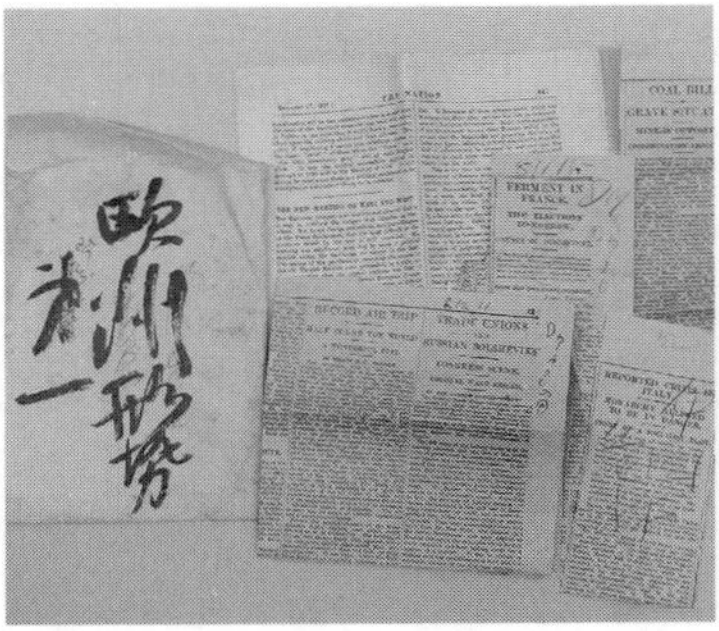

蘇峰論説資料（山中湖文学の森徳富蘇峰館） 新聞切抜箱と資料。

念をめぐる戦争ではなく、「力を理想とする戦争」ととらえる。そうしたなかで、日本は「皇室中心主義」に立って「自国の運命を作為」していくべきだと主張している。

以上の四書と、第一次世界大戦後にやはり『国民新聞』に連載されたあと一書として刊行された『大戦後の世界と日本』（一九二〇年）によって、当該期蘇峰の「根本思想」の全容をうかがうことができよう。同書では、大戦後の日本を「最悪に移りつつあり」とみて、それを「成金気分」の蔓延による社会の頽廃、「社会の健全」を維持する「中等階級」の没落、ロシア革命に起因する「思想界の乱世」などから説明する。内外の情勢に「土崩瓦解の勢」を察した蘇峰が提案するのは「皇室中心の一大平民的国家化」というあらたな「国是」であった。

このように、「立言者」に戻った蘇峰の主張は、「平民的」とはいっても「全国総動員」態勢の構成員としての「平民」であり、かつての「平民主義」が視野に入れていた「中等民族」に基盤をおき「貧者」や「弱者」も含めた「個人」から、明らかに「国家」のほうに移行していた。それは、「変節」が非難された明治三十（一八九七）年以降、蘇峰の言論の本拠地である『国民新聞』を「率ゆるものを率ゆる新聞」に衣替えし、元老や現職の首相らとの交際によって彼自身の意識を確実に変質させていった結果だと思われる。たとえば、大正三(一九一四)年一月二十七日付の山県有朋(元老の筆頭)書簡では、蘇峰の病気に対して「為国家速に御回復所祈候」とあるように、当時のトップリーダーとは常住坐臥「国家」のことが念頭にあるきわめて特殊な人びとであり、「治国平天下」の影響下に成長し「国器」たる期待を背負って上京した蘇峰もまた、その交際圏内に存在していたことが、意識の変化に大きく作用していたのではないかと考える。

『近世日本国民史』の起稿

「立言者」として相変わらず青年に語りかけていた蘇峰は、同じ時期に『近世日本国民史』▲の執筆を開始した。思い立ったのは明治天皇の崩御直後であり、「明治天皇御宇史」を執筆することが当初の目的であったという(『卓上小話』)。実際に『国民新聞』紙上に掲載が始まったのは大正七(一九一八)年七月一日であり、昭和五(一九三〇)年から『大阪毎日新聞』『東京日日新聞』夕刊に移り同十九(一九四四)年に連載がストップし、戦後の同二十七(一九五二)年、蘇峰八九歳に

▼**『近世日本国民史』** 全一〇〇巻の時代配分を記すと次のようになる。(1)織田氏時代〜ペリー来航以前：三〇巻。(2)ペリー来航〜孝明天皇崩御：三〇巻。(3)明治天皇即位〜明治時代：四〇巻。(2)、(3)と進むに従って叙述は詳細になる。第九十五〜九十九巻が西南戦争の叙述にあてられていて、最終巻の第百巻は大久保利通の遭難について明治時代の総論に入るので、実質的には明治十(一八七七)年までの記述で終っているとみてよいであろう。「明治天皇御宇史」という当初の目論見は果たせなかったことになる。蘇峰は維新の三傑とは直接面談した経験こそなかったものの、その後の主要な政治家とはすべて記者あるいは「政友」として交際したことを誇っている。

『近代日本国民史』の各版

なってようやく完結した一大歴史叙述である。全体は織豊政権期から明治期(十年までが中心)にいたる政治通史であり、めざすところは「日本国民の伝記」(同上)であった。前述したように、戦後、時事通信社から翻刻された時にはじめて全貌が明らかになった。同書については杉原志啓『蘇峰と『近世日本国民史』』があり、とくにその第三章では全体の構成や叙述様式(文体や史料など)について詳細に論じられている。

同書の執筆動機としては、本書①章に書いたように蘇峰幼少時からの史論(『史記』や『日本外史』)への親炙、青年期以降の自覚的な学習(マコーリー『英国史』ほか)に加えて、この時期に起筆されたことからは、「政界雄飛」——「国器」としての活動の「方向転換」(『言志小録』一九二八年)という意味合いも指摘できよう。この「方向転換」という発言は大正十二(一九二三)年六月十二日に開催された、『近世日本国民史』の帝国学士院恩賜賞受賞祝賀会における蘇峰の挨拶中の一節である。

国民史には、明治三十年代以降における蘇峰唯一の趣味ともいえる古書・史料の収集の成果が遺憾なく発揮されている。彼の蔵書をおさめる成簣堂文庫が青山邸内に建設されたのは明治四十二(一九〇九)年のことであった。叙述の基本となる歴史観は、歴史は「勢」と「人」とが相制するというもので、たとえば「世の中は大きな勢で動くが、勢を制するのは人」(『時勢と人物』一九二九年)であるとされる。唯物史観にも一定の理解は示すものの、複雑な歴史のありさまをとらえる方法としては不十分だとして斥ける。一方で、「吾人は進化の理法を信ずる」(『野史亭独語』一九二六年)という発言もみられる。「万世一系の皇室を戴く」ことが「日本歴史の特色」(『史境遍歴』一九三二年)だという「皇室中心主義」の考え方が貫徹されている面もあり、また、「国史に返る」ことが「国体の尊厳」を守り、「思想国防」に資するという歴史研究の機能的側面を強調することもあるものの(同上)、それらは国民史の行論の表面にはあらわれず、多数の稀覯史料と関係者の直話に基づく実際の運筆は滔々と流れる大河のごとくである。

関東大震災と国民新聞退社

こうして、「立言者」としての旺盛な言論活動のほかに、国民史の執筆をとおした国民教育に「方向転換」した蘇峰の志向は、大正八(一九一九)年二月六日、

自邸の青山草堂における家族写真

『国民新聞』が創刊一万号に達したのを記念して国民教育奨励会を結成し（会長沢柳政太郎）、ついで、青山の自邸の敷地五一七坪を寄付して地方青年の交流場である青山会館を建設、同十四（一九二五）年四月三日開館式を挙行するなど、当時の言葉でいうと通俗教育（現在の社会教育、生涯教育）の領域に活動範囲を拡げていったことがうかがえる。

この間、青山から大森山王への転居中の蘇峰を襲ったのが大正十二（一九二三）年の関東大震災であった。蘇峰還暦の年にあたる。九月一日、蘇峰は逗子の老龍庵に滞在していて、当夜は長男太多雄夫婦や孫たちと庭で野宿し、翌日徒歩で東京へ向かった。社屋は灰燼に帰し、大森山王の自邸も建設途上であったが、ありあわせの建材で一枝庵という三坪ほどの仮屋をつくり、その日から国民史の執筆を始めた。一方、社屋のほうは京橋区加賀町に移転して新築されることになった。翌大正十三（一九二四）年に掲げられた「国民新聞綱領」では、「皇室中心主義」「平民主義の徹底」「普通選挙の即行」「左傾・右傾を排す」の四項目が示されていたが、これらは当時における蘇峰の思想傾向を示すものでもあったといえよう。

國民新聞

新館建築落成す

【寫眞説明】上圖は落成せる本社新館……下圖は超高速度大輪轉機

最近には復興局疑獄を眞っ先に摘發して天下を震駭させ、航空ページエントを擧行して觀衆五十萬人と云ふ日本空前のレコードを作った……

更に面目一新

新活字採用と用紙の改良とで印刷一層鮮明となる、通信機關の大充實により紙面十倍の威力を加ふ

時事論評(夕刊) 徳富蘇峰

史論 日本國民史(朝刊) 蘇峰學人

フォトニウス (世界中の新聞雜誌から材料を取った興味ある寫眞畫報で、本紙獨創の讀物である)

小説 歸らぬ船 長田幹彦

漫畫 オモチヤの兵隊 池部鈞

朝夕刊合せて十二頁 (定價一ヶ月金九十錢 地方送料共金一圓)

○國民附録 毎月一回添付する寫眞繪畫入三十二ページの面白い大册子

東京市京橋區加賀町一、二、三番地

國民新聞社

完成なった新社屋(『国民新聞』号外)

青山会館で講演する蘇峰

石川武美と蘇峰（左）

▼**石川武美**　一八八七〜一九六一。大分県出身。上京して大正五（一九一六）年主婦之友社を創業。蘇峰の蔵書である成簣堂文庫は現在、石川武美記念図書館に収蔵されている。

しかし、結果として、蘇峰はこの大震災の被害から立ちなおることができなかった。はじめ、蘇峰とは同志社の同期生綱島佳吉の紹介により雑誌『主婦之友』で成功をおさめていた石川武美▲が資金援助を申し出て順調にいきかけたが、石川は本業の都合で撤退した。ついで、元宮内大臣田中光顕の斡旋で東武鉄道の創業者根津嘉一郎▲が資本参加し株式会社化され、蘇峰も一万株を保有する一株主（いわば雇われ社長）となると、根津は新聞の編集にまで口出しするようになり、それに嫌気がさした蘇峰は退社することになったのである。退社の挨拶は昭和四（一九二九）年一月十七日付の同紙に「愛読者諸君各位」として掲載された。それによると、退社の「重なる理由は、筆政の不自由と、不安心の為めである。別言すれば新聞道の為めに、言論自由を擁護せんが為めである」とされている。その三日前の十四日付でかつての部下の馬場恒吾（のちに読売新聞社長兼主筆）に宛て「猿も遂に木から落申候」と書き送った。

もっとも、『国民新聞』は東京で五大新聞の一角を占めていたものの国民新聞社は経営体質が弱く、大震災を機に大阪朝日新聞社や大阪毎日新聞社が関東に進出して販売店や広告主の系列化が進んでくると、他の東京を本拠とする『時

▼**根津嘉一郎**　一八六〇～一九四〇年。甲斐国（山梨県）出身。明治三十八（一九〇五）年に東武鉄道社長に就任。衆議院議員、貴族院議員等歴任。

根津嘉一郎

事新報』や『報知新聞』などとともに『国民新聞』もしだいに太刀打ちできなくなっていったことが背景にあった（有山『徳富蘇峰と国民新聞』）。創刊以来いわば蘇峰の個人新聞として継続してきた『国民新聞』であったが、「日本国民を代表したいと云ふ心算でやって来た」（『新聞記者と新聞』）という気概だけで資本の論理に対抗することは困難であった。大正八（一九一九）年には、印刷工たちのストライキも発生していたが、その時蘇峰は「新聞事業を以て、資本家対労働者の関係とするは、全く見当違ひと思ひます」（「工場の諸君に告ぐ」）と述べていた。「数の波」に乗ったはずの『国民新聞』であったが、資本の論理には乗り切れなかったといえよう。蘇峰はみずからを「敗軍の将」（『新聞記者と新聞』）と称することになる。

「敗軍の将」と「田舎紳士」

前述のように大正十一（一九二二）年、蘇峰の青山会館建設事業にかつての「明治の青年」——すでに家業の隆盛により「田舎紳士」となっていた青木藤作は、寄付をもって応じていた。その直後、大震災で打撃を受けた蘇峰は、著作の代価で新聞事業の赤字を補塡すべく、新稿だけでなく旧稿も取りまとめて大量の新刊書を刊行する時期に突入する。その数は、大震災後一〇年間で優に一〇〇冊を超えるという多産ぶりである。なかでも『国民小訓』(一九二五年)は、蘇峰が当時の志操を一気に書きおろして上梓した著作で、国民の思想的混乱を糾すために「国体」や「国史」、「維新」や「愛国」などを論じ「皇室中心主義」の必要を説く内容になっている。この著書をめぐっては、藤作に宛てた蘇峰書簡が当時の二人の関係を示唆してくれる。

> 謹啓　愈御清祥恭賀候。却節迂生(蘇峰のこと—引用者補記)今般時局ニ所感有之国民小訓ナル一書苦作候。右ハ国民思想混乱ノ現代ニ於テ聊か我同胞ノ為安心立命ノ地ヲ指点シ日本帝国歴史的見地ヨリシテ我が国体ノ真相、民族ノ淵源、国民ノ方向而シテ大和民族ノ世界ノ大舞台ニ於ける使命、天職等ニ就テ記述のモノニ有是候。尊台(藤作のこと—同上)ニ於ても固ヨリ御同感ノ儀と拝察候間、区々愚衷御洞察ノ上可然御援助・御吹聴、一人ニテモ多ク行渡候様希望仕候。発行所ニモ全ク実費ニテ配布ノ儀申付置候間、此儀モ御含置被下、呉々も御尽力ノ程相願申上候。匆々敬具

那珂川町馬頭広重美術館（美術館外観）　青木一郎家から寄贈された青木藤作収集の広重を中心とする版画コレクションを収蔵・展示している。平成十二（二〇〇〇）年開館。青木藤作宛徳富蘇峰・静子書簡五五通その他関係資料も一括寄贈された。

大正十四年二月　　徳富猪一郎

青木藤作様　　（那珂川町馬頭広重美術館）

要するに、主義内容の「御同感」を前提に「御援助・御吹聴」を求め、購入についても「御尽力」を依頼しているのである。書簡の往復数と内容をみると、この頃から二人は蘇峰のいう「知音」となっていったように思われる。藤作に雅号三無を授けたのも蘇峰だし、藤作が版画の収集を趣味としたのも蘇峰の慫慂によるといわれる。蘇峰も自庭で使用する肥料の無心を藤作に遠慮なく書通している。

二人の関係を象徴するのが、大震災後に蘇峰が国民史執筆に従事した一枝庵の藤作への譲渡である。藤作は、佐久山に移築された一枝庵を整備し、蘇峰の原稿や著書、書画などを備えつけ、子孫だけでなく「郷党の有志」や「同好君子」の閲覧に供しようと考えていた。蘇峰が力を入れていた通俗教育に呼応する活動にみえる。現在、大田原市佐久山地区公民館に架蔵されている『国民小訓』は表紙に「青木文庫」印が捺され、表紙見返しに藤作による次のような識語（献呈

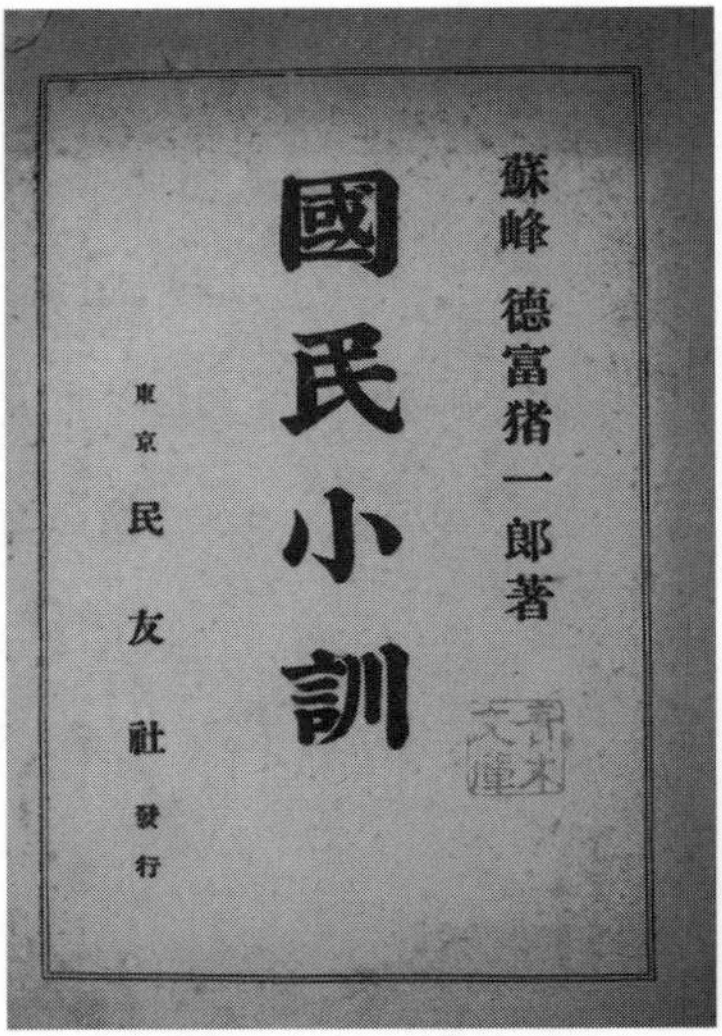

藤作の識語の入った『国民小訓』(大田原市佐久山地区公民館)

一枝庵と青木藤作(後方の建物が成簣堂文庫，国井龍氏提供)

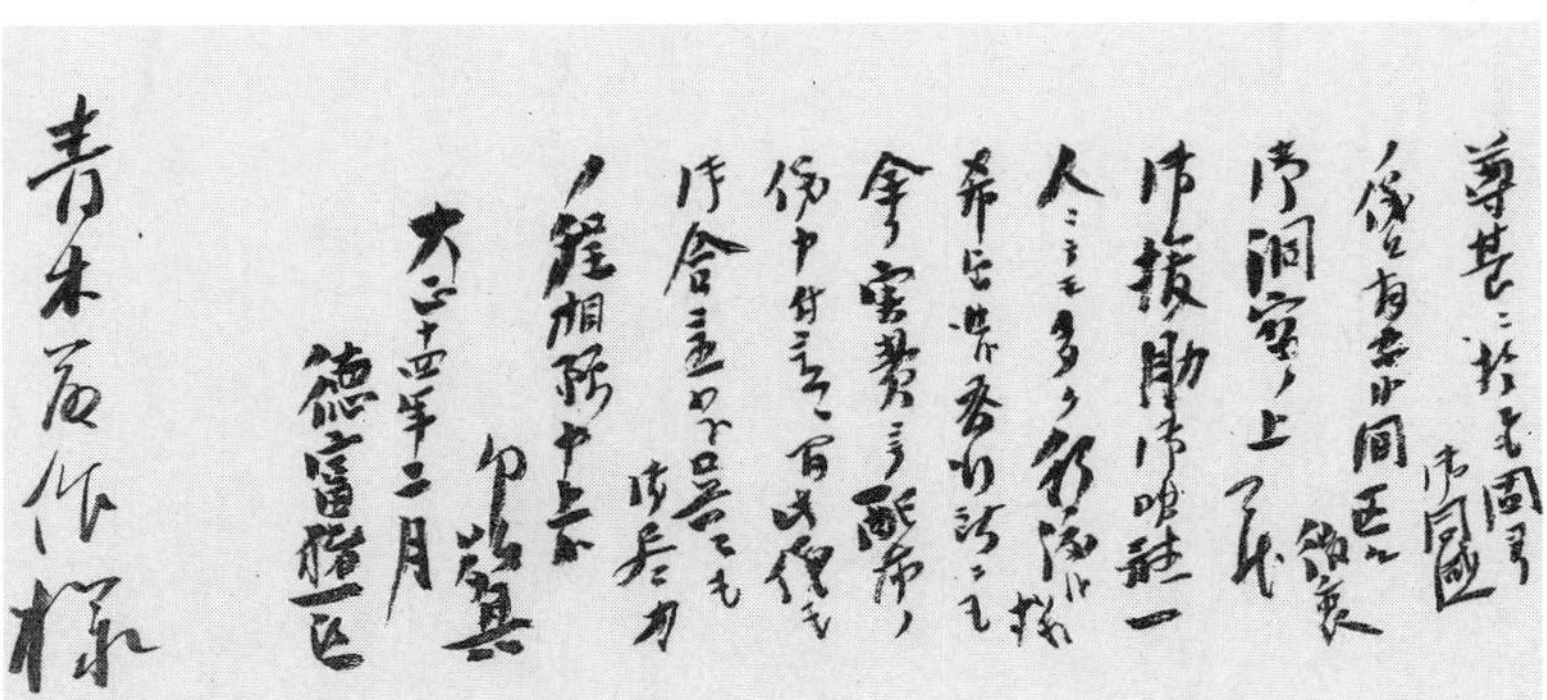

藤作宛蘇峰書簡(那珂川町馬頭広重美術館)

佐久山の実相院本堂にかかる板額

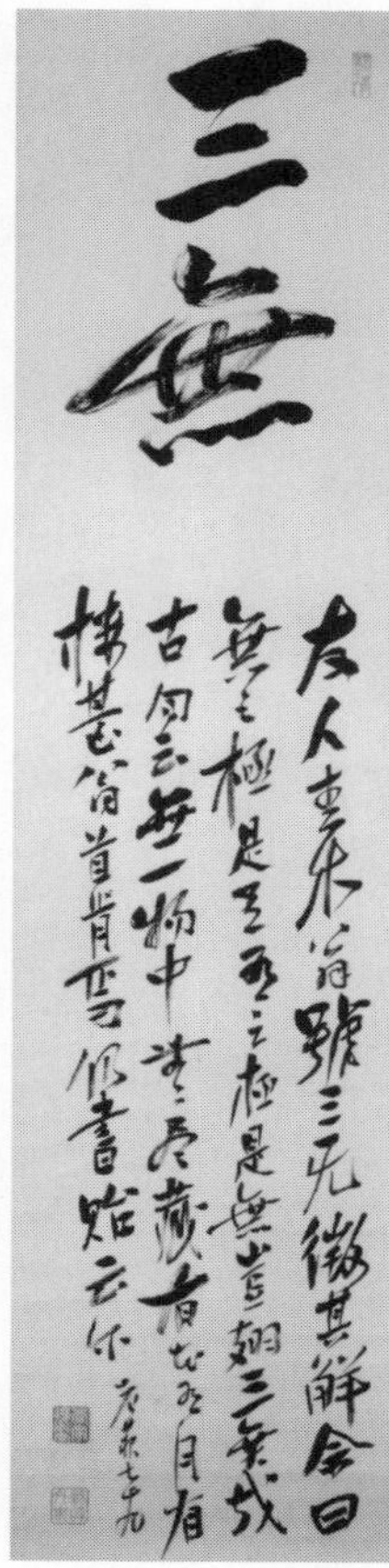

藤作の雅号「三無」の由来（那珂川町馬頭広重美術館）

五十年前好男子（那珂川町馬頭広重美術館）

辞）が書かれている。

斯の書ハ蘇峯先生が現代日本の混乱せる思想を統一し我が大和民族の嚮往すべき点を指示せられたるもので、特に世界唯一の国体の真相を闡明し同胞諸君に向って一大醒覚と一大自信とを与えられたるもの。其名ハ小訓なるも其実ハ大訓であって刻下必読の良書と信じ敢て一本を恭贈し同声共鳴を俟つ次第である。

大正十四年三月　　青木藤作識

（大田原市佐久山地区公民館）

これを読めば、藤作が蘇峰の依頼を受けて同書を購入し、いずれかに寄贈したうちの一冊のようである（寄贈先は佐久山小学校であった可能性が高い）。右のうち内容の紹介部分は、さきの蘇峰書簡の自著紹介部分とほぼ同一である。他方、昭和三（一九二八）年十一月十三日付蘇峰宛藤作書簡では、昭和天皇の即位大礼に際して「尊皇心と愛皇心の熱誠ハ常々先生の御教示の力与りて亦大なるを覚へ申候。此有様ハ申すも畏れ多きことながら吾皇を中心とする大日本国ハ、赤化も青化の何もかも爪を立るの余地を許さず万々歳なるを痛感仕り候」（徳富蘇峰記念館）との感慨を書き送っている。これらから、蘇峰の「皇室中心主義」に対する藤作の同調あるいは共鳴を読みとることができる。

徳富蘇峰記念館　蘇峰ファンの一人で晩年の秘書をつとめた塩崎彦市が、蘇峰から譲り受けた五万点を超える蘇峰宛書簡や遺品を保存し公開するために、神奈川県二宮(にのみや)町の自宅敷地内に建設した博物館。

④——「言論報国」の秋(とき)——「必勝」から「幻滅」へ

昭和四（一九二九）年一月、国民新聞社を退社した蘇峰には、多くの読者から同情と激励の手紙がよせられた（徳富蘇峰記念館）。青木藤作(あおきとうさく)も、退社の挨拶を紙上でみたその日のうちに、さっそく次のように認めた。

「先生ハ我が富士山なり」

粛啓　白髪昂然(こうぜん)天地間（明治四十四〈一九一一〉年蘇峰作の七言絶句「芙蓉峯下有作」中の一節—引用者補記）とハ嘗(かつ)て先生の高唱せられし詩なり。先生ハ我(わ)が富士山なり。天地の間に屹立(きつりつ)する富士山なり。現今人間の力にてハ到底富士山を征服する能(あた)ハザル如(ごと)く亦(また)先生を理解する能ハざるなり。小生ハ嬉びか将(はた)哀サか不可解の中に只涙の潸々たるを覚申候。天はいよ〳〵先生の偉大なる光輝を放つ機会を与へられたる事と確信仕(つかまつ)り候。万歳、万歳、万々歳。御自重を祈り上候。御自愛を御祈り申候。恐惶謹言

昭和四年一月十七日

青木藤作

徳富蘇峰先生　玉几下

（徳富蘇峰記念館）

蘇峰を彼自身が何よりも愛する富士山に見立て、その崇高なる心事は俗人では理解できないことをなげき、今後ますますの活躍を祈念しているのである。

だが、蘇峰の失意は長くは続かなかった。同じ熊本出身の本山彦一▲が社長をつとめる大阪毎日新聞社と東京日日新聞社が社賓として蘇峰を迎え入れることになったのである。専用の執務室と自動車と秘書をつけ、年額報酬一万円（国民史とあわせて二万五〇〇〇円とも）という条件であった。両者間の保証人にはさきの田中光顕のほか後藤新平（元内相、外相）と牧野伸顕（宮内大臣、元文相）の二人が加わった。経営の雑務から解放され自由に論説を発表できるのは、蘇峰にとってむしろ願ってもない条件であったといえよう。国民史も東西両紙の夕刊に毎日掲載されることになり、「蘇峰ファン」を安心させた。四月一日付の両紙に載った「初めて『東京日日』及『大阪毎日』の読者各位に見ゆ」で、蘇峰は「当面の任務に対して、その最善を尽さん」と宣言した。ちょうどこの時期、東西の『毎日』と『朝日』の二紙は急速に発行部数を伸ばし、『大阪毎日新聞』だけでもすでに大正十三（一九二四）年には日刊一〇〇万部を超え、この昭和四年には一五

▼本山彦一　一八五三〜一九三二。熊本藩出身の新聞経営者。福沢諭吉の門下となり最初『時事新報』に入社。その後、実業界をへて明治三十六（一九〇三）年から大阪毎日新聞社社長。明治四十四（一九一一）年には『東京日日新聞』を買収して商業新聞の立場を徹底し、最大の発行部数を誇った。

本山彦一

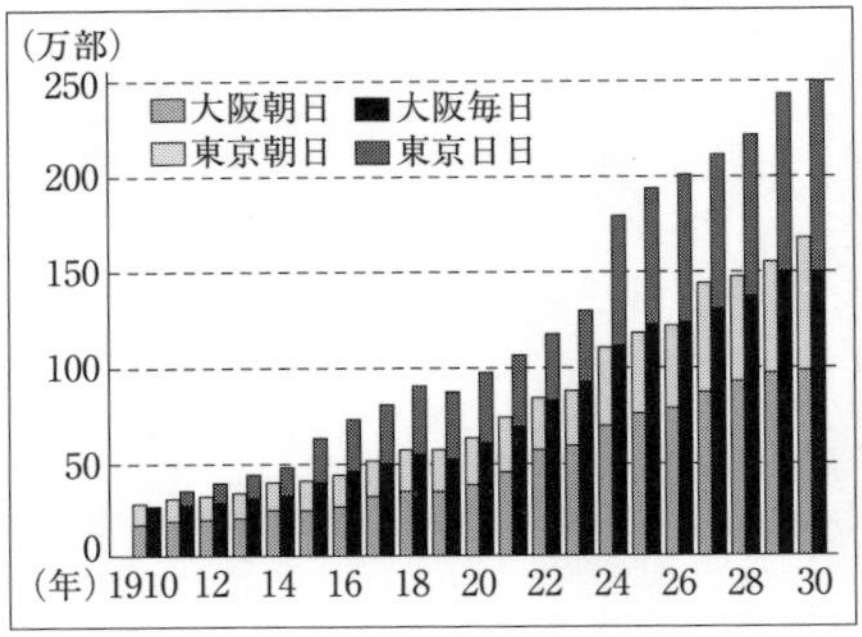

新聞の発行部数(『朝日新聞社史』『毎日新聞販売史』より作成)

〇万部に達していた(大阪毎日新聞社編刊『稿本本山彦一翁伝』一九二九年)。『国民新聞』を去った蘇峰はより大きなメディアに筆をとる機会をえたのである。

さらに、蘇峰の言論活動と修史事業を後援するために、国民新聞社退社約一年後の昭和五(一九三〇)年二月十一日、蘇峰会(会長上田万年)なる団体が設立された。蘇峰会は会報を発行し本部を東京青山会館内においたが、各地で一〇〇人の会員が集まれば支部を結成することができた。最盛期の昭和十年代前半には会員約一万二〇〇〇人を擁したという。支部発会式に臨むため各地を訪れた際の日記風の記録が『読書人と山水』(一九三二年)におさめられているが、それをみると蘇峰会の構成員というのは県知事、同内務部長、同視学、市長、貴族院議員、中学校長、新聞社長、婦人会代表、学校教員など「官民の有志」「知名の士」がならんでいて、そのなかの県知事や市長などのほか、たとえば松山では伊予鉄道社長で衆議院議員をつとめた井上要、同じく高知では「土佐の交通王」と呼ばれ貴族院議員でもあった野村茂久馬のような、地元有力者である「蘇峰ファン」が支部長に就任するところも多かった。なかば官製団体のようである。

『蘇峰会誌』昭和六（一九三一）年第三輯の「地方状況」欄によれば、栃木県でも青木藤作らの熱心な主唱により支部設立の計画中であり、会員名簿にある佐久山町の人物には向井金次郎（醬油醸造業）、島崎覚兵衛（酒造業）、有川作次郎（薬種問屋）など、町内有力者の名前が確認できる。これら蘇峰会支部の構成員が、およそ一〇年後に結成される大政翼賛会の地方支部を構成する府県幹部から町村指導者層におよぶ組織構成と重複していることは、蘇峰の言論の支持層が戦時体制といかに接続していくのかを予測させるものといえよう。

思想戦の最高指導者

蘇峰が国民新聞社を退社し、支持者たちが蘇峰会を結成した頃から、長期の経済不況から抜け出せずにいた日本ではしきりに「非常時」が叫ばれるようになり、昭和六（一九三一）年には満洲事変が勃発し、同十二（一九三七）年には日中戦争に突入した。蘇峰が属するジャーナリズムの世界も、時局迎合的なものを除くとしだいに言論統制が厳しくなっていく。昭和七（一九三二）年に官制によらない情報委員会が設けられ、同十一（一九三六）年に設置された内閣情報委員会は翌年には内閣情報部に改組され、同十五(一九四〇)年には情報局に格上げされる。昭和十一年にはやはり政府の指導により同盟通信社▲が発足した。そのようななかで、「言論自由」のために国民新聞社を退社し、東西の『毎日新聞』に「絶対自由」の領域を確保した蘇峰の言論はどこに向かったのだろうか。

当該期の蘇峰の主張は、すでに関東大震災後から顕著になる「皇室を中心とする平民主義」と、対外的には「自主的外交」という二つのお題目の繰返しになる。それを著作によって具体的にみると、昭和四(一九二九)年夏に那須の避暑地で一気呵成に書かれた『日本帝国の一転機』では、当時の「憲政の常道▲」は「奇怪千万」なもので、議会中心政治は「時代後れ」のものにすぎず、天皇親政のもとに人材を網羅した内閣を組織して「我が帝国遠大の理想に向て勇往邁進」すべきだと主張する。後年の新体制運動の論理を先取りするような内容である。また、「日米戦争は双方に何の利益はない」として移民問題による対米強硬論を抑制するような主張を展開していた。一方、満洲事変に対しては、「維新回天の精神」がよみがえって「満洲国」が成立したとし、「世界に対して何等疚しき所がない」(『大事小事』一九三二年)と述べ、それを「自主的外交」の成果として肯定的

▼**同盟通信社**　従来の日本電報通信社(電通)と新聞連合社(連合)を合併して発足し、加盟社、契約社に対するニュース配信サービスを行った通信社。戦争の拡大にともなって政府・軍部への協力を進めた。初代社長は岩永裕吉。戦後は共同通信社と時事通信社に事業を継承した。

▼**「憲政の常道」**　大正十三(一九二四)年成立の加藤内閣以来、元老の西園寺公望は、衆議院第一党の党首を次期首相として天皇に奏請することを慣例としたことで、政党内閣が昭和七(一九三二)年に五・一五事件でたおれた犬養内閣まで続いた。この慣例を「憲政の常道」と称した。

に受け入れる。「亜細亜の縄張りだけは日本が引受けて立派に治めなければならぬ」（『聖徳景仰』一九三四年）という「亜細亜モンロー主義」の立場である。

　昭和十（一九三五）年のラジオ講演では、「万世一系の金甌無欠の国家に外国の機関説を持って来て当嵌めるといふことは言語道断」（『我等の日本精神』一九三六年）と述べて美濃部達吉の天皇機関説▲を切りすてているが、言論統制に対しては疑問を呈し、「異分子」の必要も説いている（同上）。昭和十二年、日中戦争が始まると、「皇室中心主義」を基軸として「思想国防」をはかり、共産主義に加えて人民戦線も「赤化の保護色」として排除し、日独防共協定をもって「我が外交の枢軸」（『戦時概言』一九三七年）と位置づける。さらに、『昭和国民読本』（東京日日新聞社・大阪毎日新聞社、一九三九年）になると、「日本は神国なり」「天皇は実に現神」「日本の土地は元来皇室の物」というファナティックな言辞があらわれ、「皇国日本は膨張する運命」にあると、当時の観念右翼や軍部の一部と呼応するかのような発言をしている。

　この間の昭和十一年十一月五日に帝国ホテルで開催された文章報国五十年祝賀会は、電通社長の光永星郎が発起人物代をつとめた蘇峰顕彰事業の一つで、

▼**天皇機関説**　国家は法人であり、天皇はその一機関にすぎないという憲法学説。東京帝国大学教授の美濃部達吉に代表される。貴族院や衆議院の議員が問題化し、昭和十（一九三五）年に国体明徴運動に発展した。

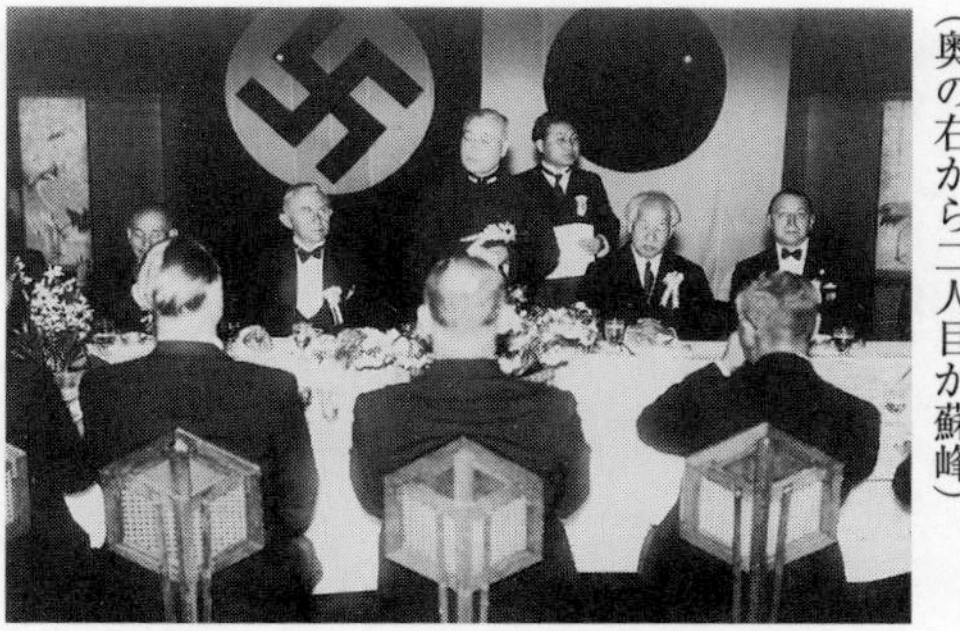

日独伊防共協定強化同志主催の会
（奥の右から二人目が蘇峰）

近衛文麿（このえふみまろ）ほか一〇〇〇人もの参会者のなかには青木藤作の名前もみえる。その席での蘇峰の答辞の内容は、聞き逃すわけにはいかない。すなわち蘇峰は、明治十九(一八八六)年に刊行した出世作『将来之日本』について、「よくもかう間違ったもので実は閉口して居る(笑声)」と述べたあとで、「日清戦争以前に書いたものは、皆さんの方で、一つ大目に見て御勘弁を願ひたいと思います(拍手)」と出席者に語りかけ、その同意(拍手)をえていたのである。「明治の青年」たちを鼓舞した「平民主義」は、ちょうど五〇年後に提唱者本人によって否定されたことになる。その二年前の昭和九(一九三四)年、これもかつての青年層に広く受け入れられベストセラーとなった『静思余録』(一八九三年初版)の改版の序文で、「此書（この）は全く壮年時代の昼夢」と、やはりみずからの手で葬り去っていた。

昭和十六(一九四一)年十二月八日の開戦直前に刊行された『皇国日本の大道』(明治書院)では、「書籍のテンポよりも、事件のテンポは更に急速」であることに嘆息しながら、ヒトラーやムッソリーニを「一代の英雄であり好男児」と称賛し、日独伊三国同盟（さんごくどうめい）を「祝福」している。このあたりの論理の転回は、五〇年以上にわたって言論界で雁行してきた三宅雪嶺（みやけせつれい）ときわめて類似する(中野目『三宅雪嶺』)。そして、「大日本か無日本か、小日本としては存在が許されない」として開戦を強く示唆する論理を提示した。開戦を「天の岩戸の開かれたる如き心地」(『宣戦の大詔』東京日日新聞社・大阪毎日新社、一九四二年)、「雲霧を排して青天を仰ぐ心地」(『興亜の大義』明治書院、同上)で迎えた蘇峰は、昭和十七(一九四二)年二月には東条英機首相を総裁とする大東亜建設審議会の委員となったほか、五月に結成された日本文学報国会▲と、十二月に組織された大日本言論報国会の会長に就任した。このように蘇峰は思想戦の最高指導者の立場に立ち、相変わらず新聞に筆をとり、ラジオに出演して国民の戦意を高揚し、政府・軍部とともに戦争指導に従事し続けた。昭和十九(一九四四)年になっても、「日本は既に勝っている、又た勝ちつつある」という希望的観測を述べ、「超非常時」ではあるが「犠牲が如何に多くとも、長くとも、久しくとも、一国を滅亡するの犠牲に比すれば物の数ではない」(『必勝国民読本』毎日新聞社、一九四四年)と、消耗戦をいとわぬ主張を繰り返し、最後まで「必勝」を確信していた。これらの言動が戦後A級戦犯に指定されることにつながった。

▼**日本文学報国会**　昭和十七(一九四二)年五月二十六日、内閣情報局の指導によって設立された文学者の国策翼賛団体。蘇峰は昭和十二(一九三七)年に評論部門で芸術院会員に選ばれており、文学者という側面も有していた。「大東亜文学大会」の開催や『愛国百人一首』の選定などを行った。

戦時下の老記者と「蘇峰ファン」

戦時下の蘇峰の日常生活はどのようなものだったのだろうか。昭和六(一九三一)年九月九日に海軍少佐であった長男太多雄を病気でなくしたことは蘇峰にとって大きな痛手であった。関東大震災のあとも一枝庵で書き続けられた国民史の執筆にも、この時は二日間手がつかなかった(『悠々我思』一九三一年)。蘇峰は大正十三(一九二四)年九月十六日、国民新聞社の調査部長であった二男萬熊をやはり病気で喪っていた。あいつぐ逆縁にも意気阻喪することなく、昭和七(一九三二)年からは山梨県の山中湖畔に双宜荘をかまえて、夏場の二カ月ほどをそこですごすようになり、全国蘇峰会の年次総会を同地で開催し、さらに同会中のインナーグループとでもいうべき寿康会(青木藤作や塩崎彦市らがメンバー)の会員など「蘇峰ファン」に囲まれ、相変わらずにぎやかな生活を送っていた。昭和六年六月二十日には国民史の刊行を支援する大日本国史会も発会した。蘇峰の人を惹きつけてやまない魅力とは、彼特有の茶目っ気やユーモアにあふれる人間性に加え、何より人物の大きさに由来するものであったと思われる。

昭和八(一九三三)年三月には、民友社の書籍販売を明治書院に委託することとし、同社は公人としての蘇峰の個人事務所となった。秘書的な役割を果たしていたのは、明治期が草野門平、大正期が並木仙太郎だとすると、昭和期は八重樫祈美子（元『主婦之友』記者）と塩崎彦市（愛媛西条の酒造家）となろう。法律顧問の弁護士早川喜代次の回想によれば昭和十一（一九三六）年当時、年間収入は毎日新聞社から三万円、印税同額で合計約六万円だったという（『想い出の蘇峰先生』）。大森山王草堂の家作と成簣堂文庫は戦時中六〇万円で石川武美に譲渡され、かわって昭和十八（一九四三）年からは熱海の旧清浦奎吾邸を晩晴草堂と称して住まいとした。

一方、藤作は蘇峰会、寿康会の幹部として双宜荘をしばしば訪れたほか、昭和十二（一九三七）年には東京蒲田区（現大田区）の洗足池畔に建立した蘇峰による両英雄（西郷隆盛と勝海舟）詩碑の建設事業に中心となって取り組んだ。東京邸を伊皿子から目黒に移し、三浦半島の神奈川県大楠町秋谷（現横須賀市）に別荘をかまえて、すでに昭和四（一九二九）年九月十七日には同地に転籍していた。昭和十五（一九四〇）年六月二十九日に開催された藤作の古稀祝賀会に蘇峰が出席するなど、親しい交際が続いた。同年七月十七日付の蘇峰宛藤作書簡では国

山王草堂の書斎にて

文章報国五十年祝賀会（演壇に立つのが蘇峰）

洗足池の詩碑除幕式(前列左端が蘇峰，後列左から５人目が藤作)

肥料債券を焼く藤作(辻敏子氏提供)　中央でしゃがんでいるのが藤作，神主の後方の少年が藤作の外孫で当時10歳の国井龍氏。

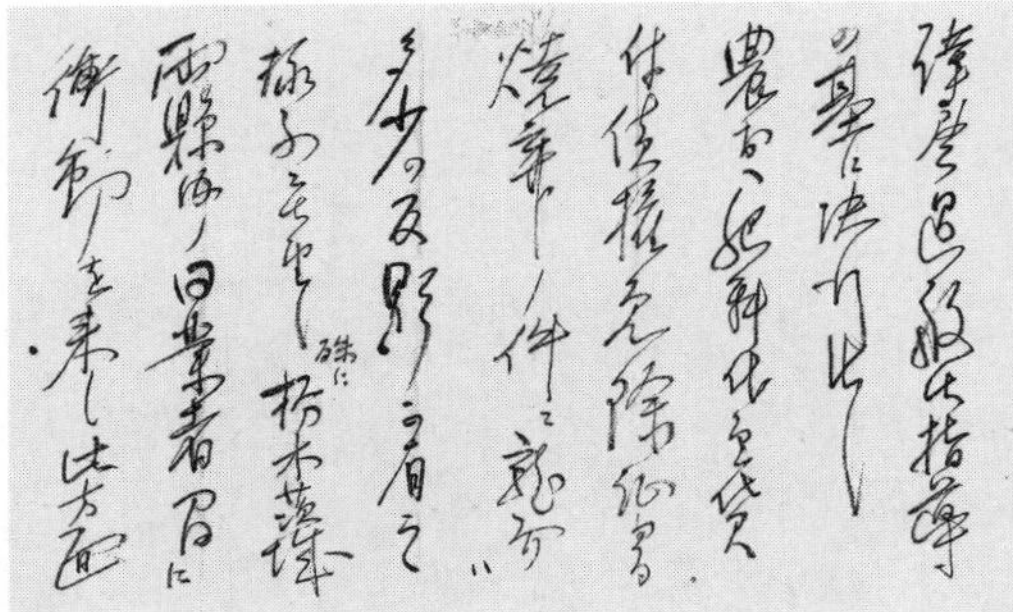

蘇峰宛藤作書簡（徳富蘇峰記念館）

家総動員法による肥料統制が始まり、「従来の如く各種自由の処分を許されず閉口仕候」（徳富蘇峰記念館）と通じている。二年後の昭和十七（一九四二）年四月八日、藤作は佐久山町内の温泉神社前で一九〇〇人分、九万八〇〇〇円の肥料債券を焼却した。『下野新聞』でも報じられたこの一挙について、四月二十一日付で蘇峰に宛て次のように報告している。

謹啓　過般御指導の基に決行仕候農村へ肥料代金貸付債権免除証書焼棄ノ件ニ就而ハ多少の反影可有之様子ニ御座候。殊ニ栃木・茨城両県内ノ同業者間に衝動を来し此方面の影響ハ拙者の免除額ノ幾十百倍かと奉推察候。之れ偏に先生の御慫慂の賜難有仕合ニ奉存候。当日立会人の証書閲覧及焼棄場面の写真出来候ニ付、別便にて御送付申上候。御一覧被成下度候。何レ近日参上親しく事情御報告可仕候へ共、不取敢飛書中御知迠。匆々

昭和十七年四月廿一日　　青木藤作拝

徳富蘇峰先生　玉几下

（徳富蘇峰記念館）

四日後の四月二十五日付で同県内の烏山町に住む長女の弘子とその夫辻三郎に宛てた書簡には、「老生も最早余命幾何もなき身、何か御国の御奉公を尽さねば死心地よろしく無之為メ此度ノ債券免除思へ出て、或る人の賛成を得て決行致候」（那珂川町馬頭広重美術館、辻三郎家旧蔵）とあり、「或る人」が蘇峰だったと特定できる。蘇峰が開戦後に刊行した『日本を知れ』（東京日日新聞社・大阪毎日新聞社、一九四一年）では「国民が一切を挙げて、国家の為めに御奉公」する必要があると説いており、それらから影響を受けた行為であった可能性が高い。

しかし、現在でも地元の佐久山地区には、証書を焼却するのであれば事前に新聞記者を呼んでおく必要はなく、藤作一流の売名行為ではないのか、そもそも藤作が肥料商として急成長したのは肥料に土をまぜて販売したからだという巷説があり、前引の娘夫婦宛書簡の「死心地よろしく無之」という一節などをみると一概に訛伝として片づけられない真実味がある。その一方で、敗戦の混乱によって実現こそしなかったものの、昭和二十(一九四五)年一月、佐久山では蘇峰を賛助者として藤作の頌徳碑を建立しようという計画も持ち上がっていたので、債券焼却は蘇峰の指導に基づく義侠的行為であったとみておきたい（「青

敗戦後、双宜荘にて妻静子と

木翁頌徳碑建設の趣旨」那珂川町馬頭広重美術館）。

敗戦後の昭和二十年十一月五日付で蘇峰の妻静子に宛てた長文の手紙が藤作がよせた最後の消息となる。そのなかでは、日本の現状を「盗人のよりあつまり同様」と非難し、国民史の完結を願いながら、自身の病状が再起不能だと知らせている。それから約四カ月後の昭和二十一（一九四六）年三月九日、藤作は佐久山で死去し、同地の実相院に葬られた。

「罪を犯した覚えなし」

蘇峰は、昭和二十（一九四五）年八月十五日を山中湖畔の双宜荘で迎えた。「玉音放送」によってはじめて日本の敗戦を知ったのだという。蘇峰ほどの立場の人物で、これはにわかには信じられないことである。それほどまでに「文章報国」に夢中になっていたのか、何にしても記者としては失格であろう。以後の蘇峰の心境の変化を知る重要な史料が、同十八日から書きはじめられた『終戦後日記』（「頑蘇夢物語」として秘書の中島司に口授）である。日本の敗戦を知った直後、毎日新聞社に社賓辞退の電報を発し、大日本言論報国会と日本文学報国会

A級戦犯指定解除後の記念撮影

▼A級戦犯　第二次世界大戦後の日本で開廷した極東軍事裁判において、戦争全般について責任を問われた者。蘇峰は極端な国家主義を鼓吹した罪を問われたが、訴追はまぬがれた。二八人に判決がくだされ、東条英機元首相ら七人が絞首刑となった。

にも会長職の辞表を送付して、その後は自殺を考えたことも数回あったという。記者蘇峰の幕は敗戦の十五日をもってみずから閉じられたのである（以上、『徳富蘇峰　終戦後日記』昭和二十年八月十八日条、以下『終戦後日記』と略す）。

敗戦後しばらくは、日本は天皇を頭首と戴く家族国家だという戦前からの立場に固執していたが、まもなく「御修養が頗る貧弱」で「至尊には闘志満々という気分がなかった」と、昭和天皇批判を始める。九月二十二日には「予はこの戦争について罪を犯した覚えなし」という開きなおりをみせる。これも、そう思いたいという身勝手で無責任な願望なのか、ではなぜ自殺を考えたのか、いずれにしても理解しがたい心理である。そして、十一月五日に熱海の晩晴草堂に移動し、同十日には「近頃予の尤も痛感するは『幻滅』の二字である」と記した。

年末の十二月二日、A級戦犯▲として蘇峰に逮捕命令が出された。五日に晩晴草堂を訪ねた元法律顧問の早川喜代次に、「心にやましいことは一度もなかった」（早川『徳富蘇峰』）と語った一方で、十日には「予ハ言論界ニ於テハ日本ニ於ケル第一人ナリ」（「言志」徳富蘇峰記念館）と書いた。この微妙なゆらぎと強がりは被告人となった不安とも、罪悪感の裏返しともとれる。結局、老齢を理由にスガモ・プリズンに収監されることはまぬがれたが、爾後、自宅蟄居の生活を強いられることになった。翌昭和二十一(一九四六)年二月十一日、かつての神武天皇祭日には「精神的には、既に死人も同様」と書き、同十五日には家督を直孫敬太郎(元海軍中尉)に譲り、十八日には貴族院議員、帝国学士院・芸術院会員、文化勲章、位階など一切の公職と栄誉を辞退し、「予は世間が全く嫌になった」と記した。敗戦からちょうど一年の同年八月十五日の条には、「予にとっては一生涯の内、最も苦痛の一年であった……剰すものは、唯だ一の幻滅あるのみだ」とあり、記者蘇峰の一周忌ということで、みずからの戒名を「百敗院泡沫頑蘇居士」と改め香を焚いてとむらったという(早川『徳富蘇峰』)。

蘇峰は、日本国憲法に対して否定的であった。その制定過程にはもちろん、第九条の平和主義にも反対であった。戯歌で「民主憲法出来たと祝う　祝うどころか我れは泣く」(『終戦後日記』Ⅲ、昭和二十一年十一月五日条)とよんだ。戦後蘇峰の政治的立場というものは、憲法改正、再軍備、そして皇室中心主義と要約されよう。強い反共意識をもち、労働運動にもまったく同情心がない。昭和二十二(一九四七)年九月一日に自宅拘禁が解除され、翌年五月には『敗戦学校』

（宝雲舎）を上梓した。同書では、日本人を「敗戦学校の生徒」と規定し、戦後混乱期に現出した国民性を批判し、相変わらず「皇室中心主義」を唱えた。昭和二十一年当初に書かれ、追放解除後に公刊された『国史より観たる皇室』（藤巻先生喜寿祝賀会、一九五三年）では、日本人の宗教心を満たすものは「万世一系」の皇室であり、「政党や軍閥が陛下と国民を遠ざけた結果、今日の一大敗戦を来した」のだという持論を展開し、「天皇政治の標本は明治天皇」だと断言している。公表を前提としない「頑蘇夢物語」では相当辛辣な昭和天皇批判を語り、退位論の立場をとっていた蘇峰であるが、老練なジャーナリストの手管であろう、刊本のなかではそのような素振りはまったくみせていない。昭和二十七（一九五二）年に刊行した『勝利者の悲哀』（大日本雄弁会講談社）では、自分は「終始一貫、アメリカに対しては率直の友」であったと述べ——たしかに開戦直前に刊行された『皇国日本の大道』でも「米国と喧嘩する理由は全く一点もない」と語っていた、「マッカーサーの日本占領は大体成功」だったと総括し、米国と友好関係を構築し共産主義に対抗するのが両国にとって「最も良策」だと主張した。「現実」を受け入れつつ、彼我（ひが）の評価の微調整をはかっているようすがうかがえる。

最後の帰省

身辺にも変化が多かった。昭和二十二年十月十四日に三男武雄が死去、続いて翌年十一月七日には妻静子が息を引きとった。同二十四年六月二十三日、熊本の詩吟家瓜生田君子に宛てた書簡には、「老夫人逝去後ハ淋シクテ淋シクテ淋シクテ閉口イタシ候」(『書簡に偲ぶ蘇峰先生』)とある。昭和二十七年四月二十八日、公職追放が解除されると、さっそく郷里熊本への帰省を果たし盛大な歓迎を受けた。翌年十一月には京都に赴き母校同志社を訪問している。

昭和二十六(一九五一)年から、中断していた『近世日本国民史』の執筆を秘書の藤谷みさをに口授する方法で再開し、同二十七年に「大久保死後の明治政府」をもって完結とした(藤谷みさを『蘇峰先生の人間像』)。『読売新聞』紙上には「三代人物史」をなお連載し続けていたが、私の眼には、戦時中の言論に目をつむったまま発言を続けた戦後の一二年は敗残の姿としか映らない。昭和三十二(一九五七)年十一月二日、熱海の晩晴草堂で九四年の生涯を閉じた。多磨霊園に葬られ、御殿場青龍寺ほかに分骨された。辞世は次のようであった。

吼えくるう波の八重路をのり越えて　心静けく港にぞ入る

(「故徳富猪一郎葬儀順序」徳富蘇峰記念館)

言論活動を貫くもの

蘇峰は伝記について「個性に対する心理的洞察と同情とが必要」（『四時佳興』一九三五年）だと書いている。本書で筆者は、蘇峰に相当の「同情」をもって接したとは思うが、新聞記者としての生涯を描くための「心理的洞察と直覚」が十分働いたかどうか、いささか心もとない。最後に、蘇峰の言論活動を貫いていた思想とは何であったのかという点を中心に、全体のまとめと若干の私見を述べて本書を結びたい。

蘇峰は両親のもとや学塾のなかで「治国平天下の志」を養われ、「国器」たるべき期待を背負って成長し、ついでキリスト教の人格主義やイギリス・マンチェスター学派の思想的影響を受けて、初期の言論活動では「平民主義」を唱え、そ

最期まで付き添った派遣看護師の西野エイ(右)と蘇峰(左)

蘇峰愛用の遺品(蘇峰会)

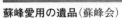

の実現のため民党勢力に期待し藩閥政府とは対立する姿勢を鮮明にしていた。

この時期の蘇峰は、「思想は社会の生活の源也、思想によりて社会養はれ、思想によりて社会動く」(「社会に於ける思想の三潮流」『国民之友』第一八八号、明治二十六〈一八九三〉年四月二十三日)と述べて、「思想」が「社会(生活)」を規定するという立場をとっていた。こうした蘇峰の発するインスピレーションに読者である多くの「明治の青年」たちが感応し、その一人で栃木の肥料商青木藤作は、「田舎紳士」をめざして「奮励」を開始したのである。本書では、「足で書く思想史」の手法を用いて藤作の死まで続く二人の交流の実態を明らかにすることで、蘇峰の言論活動の評価を記者からの一方通行とせず、双方向的に行うようにつとめた。藤作のような多くの「蘇峰ファン」に支えられて七〇年にわたって続けられた言論活動の結果、積み上げれば等身をはるかに超える著作が残されることとなり、私たちはそれらから、まさに近代日本の総体を読み解くヒントを学ぶことができるのである。

ところで、日清戦後の「帝国主義」への「変説」は従来から思想的「転向」としてとらえられることが多く、蘇峰の生涯と思想を一貫するものとして理解するこ

徳富家親族の集まりである清白会
（中央に蘇峰）

とを妨げてきたといえよう。蘇峰にいわせれば「帝国主義」への変化はむしろ思想の「進歩」であり、「帝国主義」実現のために政党よりも藩閥政治家と連動するほうに便宜があるならば、「変節」「御用(ごよう)記者」と非難されようが意に介するところではないと、一見すれば思想に忠実な行動を選択したような主張をする。この論理をいかに解釈するかということが、蘇峰研究のアポリアとして残り続けていた。

本書では、本文中にも述べたように、蘇峰の生涯と思想の全体像を転向論としてではなく、また、時代とともにその内実を変容させたナショナリズム――これも一種の転向論である、ととらえる立場にも与せず、記者としての言論活動に一貫するものを求めて叙述を進めてきた。その結果、蘇峰が「御用記者」から「立言者(りつげんしゃ)」に戻った大正二(一九一三)年に、内に「平民主義」、外に「帝国主義」、それらを貫通するものとして「皇室中心主義」という、その後の言論活動を規定する大きな思想の枠組みをつくりあげたことを指摘した。しかし、この三つの主義は思想のいわばスローガンにすぎず、より基底的な思考方法のレベルで理解しないと、蘇峰の生涯にわたる言論活動の意義は把握できないのではないだ

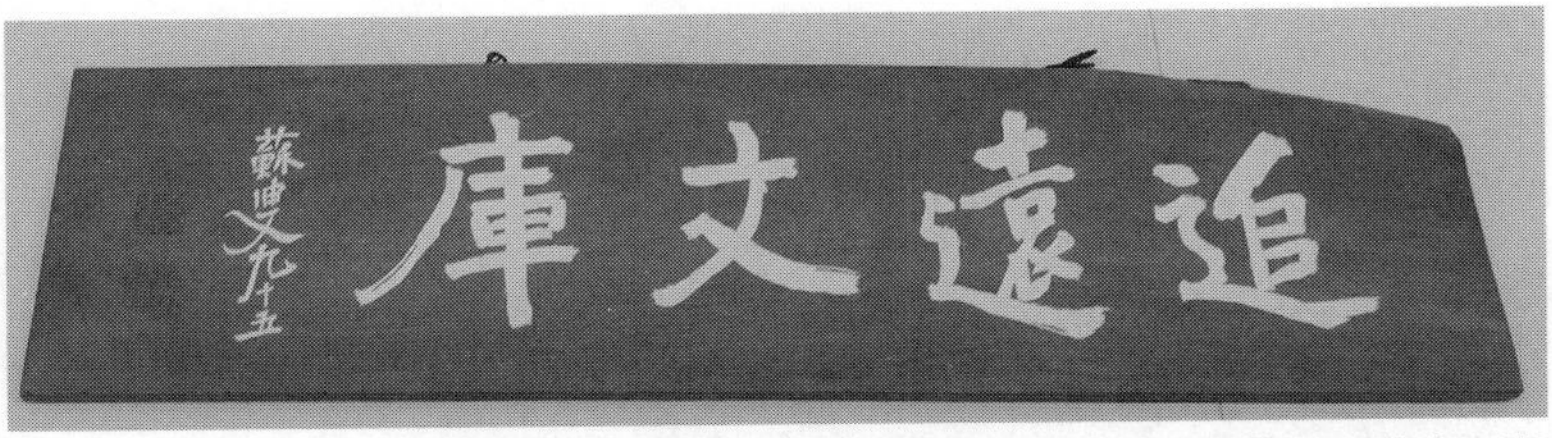

蘇峰自筆による追遠文庫の板額　逗子の徳富邸に残された蘇峰の資料や蔵書は追遠文庫と称され，その後，山中湖文学の森徳富蘇峰館に寄贈された。

ろうか。

そのような意味で、太平洋戦争の直前になると「言葉の奥には思想があり、思想の奥には現実がある」(『皇国日本の大道』)と発言しているのは、言論社会が最高度の緊張状態におかれていた時に言明されたものであるだけに着目に値しよう。ここからは、同時代の読者の前には「言葉」として発せられた記事や音声が――私たちの前にはテクストとして残されているわけだが、その奥に「思想」の枠組みが存在し、さらに最奥には「思想」を生み出すものとして「現実」があるという蘇峰独特の思考方法が透視されないだろうか。蘇峰の言論活動は、当然「現実」に引きずられていくことになり、戦時中の「言論報国(ほうこく)」の言動はそれを証している。蘇峰を「平民主義」の思想家、ジャーナリストとして歴史的に評価するのはもちろん正しい。だがそれは、言論活動のごく初期のみに限定した評価であって、その生涯を見通した時には、新聞記者蘇峰の言論活動をつねに背後から支えていた「現実」を最奥とする基底的な思考方法があったことを重視すべきであろう。

蘇峰は還暦に際して、「予(よ)の立言の目的は、所謂(いわゆる)対症応急にありて、固(もと)より百歳の必伝を期せず」(『蘇峰文選』序文、一九一五年)と語っていた。最晩年になると「予は哲学者でもなく、思想家でもない」(『愛書五十年』)と断言している。成簣堂文庫の蔵書を通覧した書物通の反町茂雄が、「その知識は無体系または無体系的であることが本質なのかもしれない」(『想い出の蘇峰先生』)と評しているのも示唆的である。要するに蘇峰は、体系的な思想を有する思想家として評価するよりも、「現実」から「思想」を築き上げ、それを「言葉」として「現実」に投げ返すという言論活動を生涯にわたって行った「日本の生める最大の新聞記者」として評価すべきであろう。それだけに、満洲事変が勃発し「非常時」が叫ばれるようになって以降は、「現実」の「思想」化に失敗し、あやまった「言葉」を発し続けたジャーナリストであったといわざるをえない。

その頃から、蘇峰はしばしば昭和天皇に拝謁を希望するようになる(『読書九十年』)。記者の領分を逸脱する行為であり、結局それは実現しなかったが、敗戦の色濃くなった昭和二十(一九四五)年二月に上奏書を提出し、「更始一新の大号令」を発し「御親政」を行うことを奏上した。最晩年になって、「一生の願いは、出来得べくんば、上御一人の師となり、下万民の指導者たらん事であった」(同上)と書いているのは、おそらく蘇峰の本音であったろう。この時脳裏に浮かんでいたのは、幕府政事総裁職松平春嶽の賓師で政治顧問をかね、維新政府では参与をつとめた叔父の横井小楠、旧師で明治天皇の侍講として君徳輔導に奉仕した元田永孚の姿ではなかったか。記者蘇峰を突き動かしていたエモーショナルなものは、少年時にうえつけられた「治国平天下の志」と「国器」としての自負だったのかもしれない。

　徳富蘇峰は「報道機関」としてよりも「指導機関」としての新聞の記者であることをその生涯とした。指導の対象は政治家や読者だけでなく、天皇にまでおよぼうとしていた。それは現代いわれるところの権力を監視する第四の権力としてのマスコミではなく、権力をも指導する機関としての新聞であり新聞記者であった。私たちは、徳富蘇峰という人物から、近代日本という時代の読みとり方を学ぶとともに、新聞記者による言論活動のあるべき姿というものを、その責任を含めて考え続けていくべきであろう。

写真所蔵・提供者一覧(敬称略, 五十音順)

朝日新聞社　p. 63, p. 64, p. 75

石川武美記念図書館　p. 74

大田区立山王草堂記念館　p. 93上

大田原市佐久山地区公民館　p. 78上左

大村務家文書　p. 50上右・左

国井龍氏　p. 78上右

熊本市　カバー表

公益財団法人徳富蘇峰記念塩崎財団(徳富蘇峰記念館)　扉, p. 4, p. 17上, p. 23上・下, p. 34, p. 41上・下, p. 42, p. 61上・下, p. 73下, p. 82, p. 87, p. 92上・下, p. 94, p. 96, p. 97, p. 100

国立国会図書館　カバー裏, p. 3, p. 8, p. 11, p. 12, p. 19, p. 21, p. 27, p. 32, p. 35, p. 54, p. 65, p. 83

実相院　p. 79上

蘇峰会　p. 102左

著者　p. 1右・左, p. 7左, p. 51上, p. 70, p. 73上

辻敏子氏　p. 29下, p. 93下

那珂川町馬頭広重美術館　p. 77, p. 78下, p. 79下右・左

那須野が原博物館　p. 51下

日本近代文学館　p. 2, p. 22

水俣市立蘇峰記念館　p. 6, p. 17下, p. 18

山中湖文学の森　徳富蘇峰館　p. 43, p. 44, p. 59, p. 62, p. 68右・左, p. 72, p. 102右, p. 103, p. 104

〔刊行史料〕

徳富蘇峰の著書については，本文中の引用箇所に出版社と刊行年を記した。ただし，民友社刊行の著書は刊行年のみ記した。史料集に準ずるものとして，隅谷三喜男編『徳富蘇峰　山路愛山』（日本の名著40，中央公論社，1971年）及び徳富蘇峰（植手通有編）『徳富蘇峰集』（明治文学全集34，筑摩書房，1974年）がある。厳密な意味では史料とはいえないが，徳富健次郎・あい（愛）『小説富士』全４巻（福永書店，1925〜28年）も参照した。なお，蘇峰会関係では，『蘇峰会誌』第３号（1931年），同別冊『悠々我思』（同年），『蘇峰会誌』特輯号（蘇峰先生文章報国五十年祝賀記念，1937年），『蘇峰会誌』昭和十五年第三輯（1940年），『想い出の蘇峰先生』（1969年），『民友』各号等を参考とした。

以下，本書で引用したもののみ列挙する。

徳冨蘇峰「詩人行徳拙軒への手紙」『日本談義』第183号，1958年
森中章光編『新島先生と徳富蘇峰』同志社，1963年
花立三郎・杉井六郎・和田守編『同志社大江義塾　徳富蘇峰資料集』三一書房，1978年
伊藤隆ほか編『徳富蘇峰関係文書』全３冊（近代日本史料選書７-１～３）山川出版社，1982〜87年
徳富蘇峰記念塩崎財団編『徳富蘇峰記念館所蔵民友社関係資料集』（民友社思想文学叢書別巻）三一書房，1985年
中野好夫・横山春一監修『蘆花日記』全７冊，筑摩書房，1985〜86年
和田守・有山輝雄編『徳富蘇峰／民友社関係資料集』（民友社思想文学叢書第１巻）三一書房，1986年
新島襄全集編集委員会編『新島襄全集』３，同朋舎出版，1987年
徳富蘇峰『徳富蘇峰　終戦後日記――「頑蘇夢物語」』全４冊，講談社，2006〜07年
早稲田大学大学史資料センター編『大隈重信関係文書』８，みすず書房，2012年

〔未刊史料〕

徳富蘇峰と徳富家の残した史料（遺品を含む）は，神奈川県逗子市の同家が保存する追遠文庫（山梨県山中湖文学の森　徳富蘇峰館に寄贈），神奈川県二宮町の徳富蘇峰記念館所蔵資料，熊本県水俣市立蘇峰記念館（旧淇水文庫），東京都千代田区の石川武美記念図書館成簣堂文庫，京都府同志社大学図書館の徳富文庫のほか，東京都大田区立山王草堂記念館（蘇峰公園），熊本市大江義塾跡の徳富記念園，蘇峰会（静岡新聞社内）などに保存されている。

青木藤作に関しては，直孫青木一郎氏のご許可により，栃木県那珂川町馬頭広重美術館所蔵の青木藤作関係資料を利用させていただいたほか，ご子孫（藤作外孫国井龍氏，同じく外孫辻三郎の配偶辻敏子氏，藤作の次兄義雄の外孫大村務氏ほか），関係者，栃木県立図書館をはじめとする栃木県内各機関にて調査を行った。本書では，それぞれの引用箇所に所蔵機関名と書誌情報を記してある。

蘇峰が社長兼主筆をつとめた『国民新聞』は，一部の複製分を除いて国立国会図書館新聞資料室所蔵のものを用いた。『国民之友』については，複製版全23巻＋別巻（1982〜84年増刷版，明治文献資料刊行会）を用い，適宜原本を参照した。

参考文献及び史料　青木藤作関係は本文中に出典を記したので略した。
〔参考文献〕　副題は省略
相澤煕編『最近の蘇峰先生』蘇峰会, 1942年
赤澤史朗『徳富蘇峰と大日本言論報国会』山川出版社, 2017年
有山輝雄『徳富蘇峰と国民新聞』吉川弘文館, 1992年
安藤英男『蘇峰　徳冨猪一郎』近藤出版社, 1984年
伊藤安生『醜悪文豪徳富蘇峰の暗黒面』(三版)宏文社, 1936年
伊藤彌彦『維新革命社会と徳富蘇峰』萌書房, 2013年
今井宏『明治日本とイギリス革命』研究社出版, 1974年
色川大吉『明治精神史』黄河書房, 1964年
植手通有『徳富蘇峰論』(植手通有集2)あっぷる出版社, 2015年
瓜生田君子編『書簡に偲ぶ蘇峰先生』香雲堂吟詠会本部, 1958年
大阪毎日新聞社編・刊『大阪毎日新聞五十年』1932年
鹿野政直「一民権私塾の軌跡」『思想』第536号, 1969年
杉井六郎『徳富蘇峰の研究』法政大学出版局, 1977年
杉原志啓・富岡幸一郎編『蘇峰と『近世日本国民史』』都市出版, 1995年
杉原志啓『稀代のジャーナリスト・徳富蘇峰』藤原書店, 2013年
蘇峰会編・刊『生誕百三十年記念　徳富蘇峰』1993年
高野静子『蘇峰とその時代』中央公論社, 1988年
高野静子『続　蘇峰とその時代』徳富蘇峰記念館, 1998年
同志社大学人文科学研究所編『民友社の研究』雄山閣, 1977年
徳富蘇峰文章報国四十年祝賀会(守武幾太郎)『蘇峰先生年譜』民友社, 1928年
中野好夫『蘆花徳富健次郎』全3部, 筑摩書房, 1972〜74年
中村青史『徳富蘇峰・その文学』熊本大学教育学部国文学会, 1972年
並木仙太郎『蘇峰先生の日常』蘇峰会, 1930年
西田毅ほか編『民友社とその時代』ミネルヴァ書房, 2003年
花立三郎『徳富蘇峰と大江義塾』ぺりかん社, 1982年
早川喜代次『徳富蘇峰』徳富蘇峰伝記編纂会, 1968年
晩晴草堂同人編『徳富静子』大日本雄弁会講談社, 1954年
ビン・シン著／杉原志啓訳『評伝　徳富蘇峰』岩波書店, 1994年
藤谷みさを『蘇峰先生の人間像』明玄書房, 1958年
槇林滉二『北村透谷と徳富蘇峰』有精堂出版, 1984年
本井康博『徳富蘇峰の師友たち』教文館, 2013年
山下重一「徳富蘇峰と英書」お茶の水図書館編・刊『お茶の水図書館所蔵　成簣堂文庫洋書目録』1986年
鑓田研一『蘇峰と蘆花』潮文閣, 1944年
吉野孝雄『文学報国会の時代』河出書房新社, 2008年
吉村勝治編・刊『蘇峰百絶略解』1943年
米原謙『徳富蘇峰』中央公論新社, 2003年
和田守『近代日本と徳富蘇峰』御茶の水書房, 1990年
和田守著／伊藤彌彦編『徳富蘇峰　人と時代』萌書房, 2022年
渡邊勲『二人の父・蘆花と蘇峰』創友社, 2007年
John D. Pierson, *Tokutomi Soho: 1863-1957*, Princeton University Press, 1980

徳富蘇峰とその時代

西暦	年号	齢	おもな事項
1863	文久 3	0	*1-25* 肥後国上益城郡杉堂村(母の実家矢島家)で生まれる。父徳富一敬，母久子。以後，徳富家の在所葦北郡水俣郷で育ち，母より教育を受ける。*7-2* 薩英戦争
1870	明治 3	7	家族で熊本に移住，大江村に住む
1871	4	8	*7-14* 廃藩置県。兼坂止水の塾に学ぶ
1873	6	10	熊本洋学校に入学，キリスト教にふれる
1876	9	13	上京して東京英語学校に入学。まもなく京都の同志社に転学，新島襄に師事するが，卒業目前の1880年に退学
1882	15	19	大江義塾開校。この前後，自由民権派に属して活動する
1886	19	23	大江義塾を閉校し，一家をあげて上京
1887	20	24	*2-15*『国民之友』創刊
1890	23	27	*2-1*『国民新聞』創刊。*11-29* 帝国議会開会
1895	28	32	*5-7* 日清戦争終結直後，大総督府に随従し旅順上陸
1896	29	33	*5-19* 横浜出航，洋行の途にのぼる。*9-18* 第二次松方内閣成立
1897	30	34	*8-26* 内務省勅任参事官に就任
1898	31	35	『国民之友』ほか２誌を廃刊とする
1901	34	38	*6-2* 第一次桂内閣成立，しだいに関係を深める
1905	38	42	*9-5* 日露戦争終結にともなう日比谷焼打ち事件で国民新聞社が群衆の襲撃を受ける
1910	43	47	*8-22* 韓国併合条約調印。『京城日報』監督を委嘱される
1911	44	48	*8-24* 貴族院議員に勅選される
1913	大正 2	50	*2-10* 第三次桂内閣，護憲運動により総辞職決意。国民新聞社は再び群衆の襲撃を受ける。*10-10* 桂太郎死去，「立言者」に戻る決断をする
1918	7	55	*7-1*『国民新聞』に「近世日本国民史」の連載が始まる
1923	12	60	*5-27*『近世日本国民史』既刊分で帝国学士院恩賜賞。*9-1* 関東大震災で社屋焼失。以後，再建に苦労する
1929	昭和 4	66	*1-17* 国民新聞社退社が発表される。*4-1* 大阪毎日新聞社・東京日日新聞社への社賓としての入社が発表される
1930	5	67	*2-11*「蘇峰ファン」によって蘇峰会が設立される
1936	11	73	*11-5* 文章報国五十年祝賀会開催
1942	17	79	*12-23* 大日本言論報国会が設立され会長に就任
1943	18	80	*4-29* 文化勲章受章
1945	20	82	*8-15* 戦争終結のラジオ放送。*12-2* A級戦犯として逮捕命令
1947	22	84	*5-3* 日本国憲法施行。*9-1* 自宅拘禁解除
1952	27	89	*4-28* 公職追放解除。同日，対日平和条約・安保条約発効
1957	32	94	*11-2* 熱海の晩晴草堂にて死去

中野目 徹(なかのめ とおる)
1960年生まれ
筑波大学人文学類卒業，同大学院博士課程中退
博士(文学)
専攻，日本近代思想史・史料学
現在，筑波大学人文社会系教授
主要著書
『政教社の研究』(思文閣出版1993)
『明六雑誌』全３冊(校注，岩波書店1999～2009)
『近代史料学の射程』(弘文堂2000)
『明治の青年とナショナリズム』(吉川弘文館2014)
『三宅雪嶺』(同上2019)

日本史リブレット人 083
徳富蘇峰(とくとみ そほう)
日本の生める最大の新聞記者

2023年５月20日　１版１刷　印刷
2023年５月30日　１版１刷　発行

著者：中野目 徹(なかのめ とおる)

発行者：野澤武史

発行所：株式会社 山川出版社

〒101－0047　東京都千代田区内神田１－13－13
電話 03(3293)8131(営業)
03(3293)8135(編集)
https://www.yamakawa.co.jp/
振替 00120-9-43993

印刷所：明和印刷株式会社

製本所：株式会社 ブロケード

装幀：菊地信義＋水戸部功

Printed in Japan ISBN 978-4-634-54883-1

日本史リブレット 人

1 卑弥呼と台与——仁藤敦史
2 倭の五王——森 公章
3 蘇我大臣家——佐藤長門
4 聖徳太子——大平 聡
5 天智天皇——須原祥二
6 天武天皇と持統天皇——義江明子
7 聖武天皇——寺崎保広
8 行基——鈴木景二
9 藤原不比等——坂上康俊
10 大伴家持——鐘江宏之
11 桓武天皇——西本昌弘
12 空海——曾根正人
13 円仁と円珍——平野卓治
14 菅原道真——大隅清陽
15 藤原良房——今 正秀
16 宇多天皇と醍醐天皇——川尻秋生
17 平将門と藤原純友——下向井龍彦
18 源信と空也——新川登亀男
19 藤原道長——大津 透
20 清少納言と紫式部——丸山裕美子
21 後三条天皇——美川 圭
22 源義家——野口 実
23 奥州藤原三代——斉藤利男
24 後白河上皇——遠藤基郎
25 平清盛——上杉和彦
26 源頼朝——高橋典幸
27 重源と栄西——久野修義
28 法然——平 雅行
29 北条時政と北条政子——関 幸彦
30 藤原定家——五味文彦
31 後鳥羽上皇——杉橋隆夫
32 北条泰時——三田武繁
33 日蓮と一遍——佐々木馨
34 北条時宗と安達泰盛——福島金治
35 北条高時と金沢貞顕——永井 晋
36 足利尊氏と足利直義——山家浩樹
37 後醍醐天皇——本郷和人
38 北畠親房と今川了俊——近藤成一
39 足利義満——伊藤喜良
40 足利義政と日野富子——田端泰子
41 蓮如——神田千里
42 北条早雲——池上裕子
43 武田信玄と毛利元就——鴨川達夫
44 フランシスコ＝ザビエル——浅見雅一
45 織田信長——藤田達生
46 徳川家康——藤井譲治
47 後水尾院と東福門院——山口和夫
48 徳川光圀——鈴木暎一
49 徳川綱吉——福田千鶴
50 渋川春海——林 淳
51 徳川吉宗——大石 学
52 田沼意次——深谷克己
53 遠山景元——藤田 覚
54 酒井抱一——玉蟲敏子
55 葛飾北斎——大久保純一
56 塙保己一——高埜利彦
57 伊能忠敬——星埜由尚
58 近藤重蔵と近藤富蔵——谷本晃久
59 二宮尊徳——舟橋明宏
60 平田篤胤と佐藤信淵——小野 将
61 大原幽学と飯岡助五郎——高橋 敏
62 ケンペルとシーボルト——松井洋子
63 小林一茶——青木美智男
64 鶴屋南北——諏訪春雄
65 中山みき——小澤 浩
66 勝小吉と勝海舟——大口勇次郎
67 坂本龍馬——井上 勲
68 土方歳三と榎本武揚——宮地正人
69 徳川慶喜——松尾正人
70 木戸孝允——一坂太郎
71 西郷隆盛——徳永和喜
72 大久保利通——佐々木克
73 明治天皇と昭憲皇太后——佐々木隆
74 岩倉具視——坂本一登
75 後藤象二郎——村瀬信一
76 福澤諭吉と大隈重信——池田勇太
77 伊藤博文と山県有朋——西川 誠
78 井上馨——神山恒雄
79 河野広中と田中正造——田崎公司
80 尚泰——川畑 恵
81 森有礼と内村鑑三——狐塚裕子
82 重野安繹と久米邦武——松沢裕作
83 徳富蘇峰——中野目徹
84 岡倉天心と大川周明——塩出浩之
85 渋沢栄一——井上 潤
86 三野村利左衛門と益田孝——森田貴子
87 ボワソナード——池田眞朗
88 島地黙雷——山口輝臣
89 児玉源太郎——大澤博明
90 西園寺公望——永井 和
91 桂太郎と森鷗外——荒木康彦
92 高峰譲吉と豊田佐吉——鈴木 淳
93 平塚らいてう——差波亜紀子
94 原敬——季武嘉也
95 美濃部達吉と吉野作造——古川江里子
96 斎藤実——小林和幸
97 田中義一——加藤陽子
98 松岡洋右——田浦雅徳
99 溥儀——塚瀬 進
100 東条英機——古川隆久

〈白ヌキ数字は既刊〉